わう神々

神崎宣武

角川選書
666

まぐわう神々

目次

第三章　金精神と歓喜天　93

序　章――卑猥ということなかれ

何ともあっけらかん、と存在している。

宮崎県小林市東方浜之瀬公園。まず、そこに至る国道二六五号線の道路標示に「陰陽石」という文字が明らかに読みとれる。それにしたがって道を曲がり、少し下っていくと、岩瀬川がある。その河畔をさらに降りる。川の水音が足元から響く岩場に展望台がある。

展望台、といっても至近の距離。川の中に巨石群がある。その頂上部に、ニョッキリと陽石がそそり立つ。

まさに、男根そのもの。写実的な彫刻物と見まがうほどの形態である。もちろん、自然石。高さは約三メートル、太さは先の方でも数十センチはあろうか。威容な姿である。

注連縄《しめなわ》が張ってあるが、それがなくても、畏《おそ》れ拝《おろが》むほどに神々しくもある。

陰石は、下方の川面《かわも》近くにある。横に裂け目があり、陽石に比べるとはるかに小さい。注連縄が張ってなければ、見落とすだろう。

展望台の側に、陰陽石《いんようせき》神社がある。半間四方の小ぶりな社《やしろ》で、なぜか赤く塗られている。

小林市浜之瀬公園の陰陽石　注連縄が流されているが、下方の水際が陰石。これより手前、展望台脇に陰陽石神社がある

祭神は、皇産霊神《むすびのかみ》。もっとも、それは神社神道における神号である。古く、人びとは何と呼んでいたのだろうか。

伝説では、昇天すべき竜がこの地の美女に見惚《みほ》れて居付き、そのまま化石になった、という。

そして、縁結び・安産の神として祀《まつ》られるようになった。以後は、農産・工産・商産などあらゆる生産の神として祀られてもきた、と伝える。さかのぼってみると、「性神信仰」に相違あるまいが、これほどに威容で立派な陽石であれば、地域社会の絶対的な守護神であっても不思議ではあるまい。

鬼子母神堂　陰陽石近くの観光施設であるが、後方の段上に並ぶ石像は田の神像。田の神像の背面を男根の模造とみるむきもある

旧藩時代には藩主が神司（神官）を遣《つかわ》して祈願祭を行なった、とも伝わる。たしかなところで、大正時代の写真が残る。それをみると、岩場に床が整えられ、床いっぱいに大勢の人が集まり盛大な祭事が行なわれたことがわかる。折々に人を集めた名勝地でもあった。

戦後（第二次世界大戦後）は、対岸の地が開け、茶屋や民芸品店、レストランや結婚式場などができてにぎわった。しかし、一部は残存もするが、現在は、そのにぎわいは望むべくもない。

全国的にみても、この種の陰陽物（性神信仰）にまつわる観光施設は、ほとんど存続していない。秘宝館なる陳列施設がそうである。そして、信仰の対象だった陰陽物も、多くが散逸したり閉ざされて見ることが叶《かな》わなくもなった。

そのなかで、この小林の陰陽石は、その威容を誇っているのである。また、陰陽石神社の祭事も、小規模になったとはいえ継続しているのである。

おそらく、日本でいちばんの堂々たる威風、といえるだろう。巨大な自然石であるから、隠しようもない。そして、文化財としても宮崎県の天然記念物となっているが、まぎれもなく貴重な性神信仰遺産なのである。

*

残存例としては、信州から上州・甲州にかけて、また、相州から駿河にかけても石像の道祖神が多く分布する。その石像や写真をご覧になった方も多かろう。

単体のものもあれば、男女双体のものもある。

一般に、サエノカミ・サイノカミ（塞の神）と呼ばれる。村境や峠や辻に立ち、外から襲来する悪霊や死霊を防除する神とされるのである。というところでは、日本全体に類似の信仰をみることができる。乢《たわ》（峠）の神とか端《はし》（橋）の神などと呼ばれることもあり、そこでは人間と死者、人間界と幽冥《ゆうめい》界の境をつかさどる神とも伝わる。ただ、道祖神なる石像が立つところということになると、ほぼ東日本の中部・関東地方での特色となるのだ。

道祖神を祀るところでは、それが転じて、行路と行旅を守る神ともされた。

双体道祖神のなかに、男女が睦《むつ》み合う姿が刻まれている事例もある。抱擁する像、接吻《せっぷん》する像、はては交合する像もある。数はけっして多くはない。本編での「まぐわう」というテーマからとりあげざるをえないが、これが道祖神の主流ではない。しかし、なぜ、そこに男女が睦み合うのか。交合するのかだ。

さほどに古いことではないだろう。残存する年号や石造技術から、江戸期以降、それも中期以降のものに相違あるまい。しかし、その建造についての記録は乏しい。伝承もまちまちで、その地方や時代の識者の発言に左右される傾向がみられる。道祖神とは、双体を有するところで摩訶《まか》不思議な衢神《ちまたがみ》となるのである。

とくに、双体道祖神をして、子孫繁栄を願ってのこと、と連想するのはたやすいが、それほどに安直な作意ではあるまい。子孫繁栄を願うなら、それより古くからしかるべき対象物と信仰があるはずで、あえてサエノカミにかぶせることはあるまいに、と思えるのである。なぜだろうか。

太古から「性神信仰」というべきものがあった。とくにファリシズム（生殖器崇拝）は、洋の東西を問わず太陽崇拝とともに人類の原初的な信仰である。ということは、これまでも宗教史や文化人類学で説かれてもきた。

日本ではその痕跡《こんせき》が現在にも伝わるのだ。いわゆる陰陽石とか陰陽木の類《たぐい》がそうであろう。双体の道祖神もそうであろう。あるいは、藁《わら》や布でつくった玩具《がんぐ》のような陰陽物もそうであろう。それらに対する信仰は、時代を経て変化もした。かつては、さらに濃厚な分布をみていたに相違ない。その神体たる造形物の何割かが現在も全国各地に伝わるのだ。

おそらく、世界でも類がないほどの残存率ではあるまいか。

とくに、幕末から明治初年に来日した西欧系の人たちの、その驚きは大きかった。

たとえば、ルドルフ・リンダウの『スイス領事の見た幕末日本』では、鎌倉の鶴岡八幡《つるがおかはちまん》宮《ぐう》の境内にある女陰石をとりあげて次のようにいう。


それはおよそ三尺ばかりの石で、その上に自然が女の性器をおおざっぱに彫刻したものである。それは木の囲いに取り囲まれていて、古木の陰に立っている。この異様な偶像は帝国全土で大層敬われており、『おまんこ様』という名がつけられている。あらゆる地方からここに巡礼にやって来る。そして高価な寄進をするのである。とりわけ子の出来ない女が、いわば恥ずかしいこととみなされている石女《うまずめ》との別れを願いにやって来る。新婚夫婦、娘、それに子供さえも同様にお祈りを捧げる。


その「おまんこ様」を特定することはできないが、現在も鶴岡八幡宮の境内にはそれらしき女陰石が存在する。

さかのぼってみれば、陽石にしろ陰石にしろ、まぎれもなく民間信仰の対象として各地で伝承していたのだ。その土地土地で、人びとはないがしろにはしなかったのである。

安田徳太郎『人間の歴史6　火と性の祭典』では、「日本の性器崇拝は世界的に有名で、明治初年に日本に来た欧米人は、みんなこれにはびっくりした」、といい、アメリカ人のW・E・グリフィスの『皇国』をとりあげている。

わたくしはこういう社《やしろ》と性器が、とくに東日本と北日本にひろがっているのに気がついた。わたくしは日光へ旅行したときに、田舎道にそって、こういうものを数えたのに、十二ぐらいもあった。子供のできない男女は、そういう社や性器に祈願して、供物をしたり、願《がん》がけをしたりしている。一八七四年（明治七年）までは、相模、上総、それから東京にさえ、木や石でつくった性器が祭ってあった。（中略）かつては世界中にひろくおこなわれていた原始宗教のこういう形を、目のあたりに見るということは、まるでノアの大洪水以前の世界の生活、あるいはそういうものの母国である古代インドの生活を、ちらっと、のぞかせてもらうようなものであった。

（安田徳太郎訳）

＊

しかし、たとえば、観察力にも描写力にも優れたE・S・モースの『日本その日その日』やイザベラ・バードの『日本奥地紀行』などには、そうした記述が乏しい。

それは、来日が相次ぐ外国人、とくに欧米人を意識して、明治政府による風紀取締まりが強化されたからである。明治五（一八七二）年の太政官布告にはじまる。そこでは、「従来遊女屋其外《そのほか》客宿等に祭りある金精《こんせい》儀風俗に害あるを以て、自今早く取棄て踏み潰《つぶ》すべし」（ルビは、筆者）、としている。とくに、西欧人の滞在が多かった東京と旅行先への日光街道や東海道筋に祀ってある性神の石像や小祠《しょうし》が軒並み排除された。右の鶴岡八幡宮の境内にあった女陰石も、表向きにはそこで取り払われることになった、とする。

右のW・E・グリフィスの「一八七四年（明治七年）までは」（明治五年とすべきか）という記述からも、そのことが読みとれるだろう。

なるほど、そうだとすれば、モース（日本への旅は明治一〇＝一八七七年）やイザベラ・バード（日光への旅は、明治一一＝一八七八年）の紀行文にその種の記述がみられないのも理解できる。その明治初期における過剰とも思える淫祀《いんし》邪教廃絶の風潮については、本論でも再考することにする。

また、一方で、「山間僻地《へきち》にはこういう信仰の遺物がたくさん残っているのである」（安田徳太郎『人間の歴史6　火と性の祭典』）ことも事実だったのである。

およそ、日本における風紀取締令というのは、厳しい罰則をともなうものではなかった。江戸期の「達《たつし》」に通じるもの、とみればよい。そこには、「但書《ただしがき》」さえもが付いているのである。いわゆるザル法の類である。したがって、大都市や主要観光地以外は、そのかぎりにあらず、ともなるのだ。それで、現代にまで各地に「性神信仰」の痕跡が伝わってきたのである。

それが、猥雑《わいざつ》なものとしてさらに疎まれるようになったのは、昭和も戦後二〇年を過ぎての経済の高度成長期の現象であった。各地の、おもに温泉地にできた秘宝館の類も盛況だったのは一〇年ばかりで、やがて客足が遠のくことになった。新聞の批判記事や女性旅行客の増加などが影響してのことだっただろう。私たち日本人全体に文化的な価値観の変化が生じてから、というしかあるまい。

かといって、それらをして猥雑な造形と信仰といってすますわけにはいかない。地域社会で守られてきた残存例も、まだある。そのつど、ある種の危機感をもって著された先人たちの文献もある。それらを、いまいちどふりかえってみて日本の「性神信仰」を正当に検証しておこう、と思う。

これまでも、その試みをなした解説書や写真集は、少なくない。それらも参考にしながら、仏教にも神道にも与《くみ》せず、そこでの倫理に背を向けるかのような民間信仰としての伝承をたどってみたい、と思うのである。

生殖器崇拝から性神信仰——題して『まぐわう神々』、とする。

第一章　神話にみる「まぐわい」

男女の交合は、古語では「まぐわい」といった。

現在では、ほとんど死語とも化してもいるが、二通りの意味がある。『広辞苑』（第六版）を引いてみても、それが確かめられる。

その一は、「目を見合わせて愛情を知らせること。めくばせ」。その二は、「男女の交接。性交」。その典拠として、簡単に『古事記』の一文があげられている。

ならば、あらためて最古の文献である『古事記』（和銅五＝七一二年）をひもといてみよう。

『古事記』に描かれた命《みこと》（神とも）と比売《ひめ》（比売命とも）の「まぐわい」の場は、三場ある。

その一は、イザナギの命（伊邪那岐命。以下、イザナギ）とイザナミの命（伊邪那美命。以下、イザナミ）の二柱による「みとのまぐわい」（美斗能麻具波比）である。

その二は、オオクニヌシの神（大国主神。以下、オオクニヌシ）が織りなす「目合《まぐわい》」や「相婚《あ》う」「婚《よば》う」「御合《みあ》う」などの場面である。もっとも、その読み方については、いくとおりかの解釈がなされる。たとえば、「婚《よば》う」を「まかむ」とか「あわむ」とか。が、ここでは倉野《くらの》憲司《けんじ》校注の『古事記』（岩波文庫版）にしたがうことにする。

その三は、天降《あまくだ》りましたニニギの命（邇邇芸命。以下、ニニギ）による「目合《まぐわい》」「婚《まぐわい》」の場合である。

以上の三場は、『古事記』の「上つ巻」（神話論）にある。そこでの神々は、隠すことなく「まぐおう」てござるのである。それが天運かのごとく「まぐおう」てござるのである。もちろん、それは創造神話《フィクション》というものである。しかし、それを創る人、それを読む人をして、まるで絵空事であろうはずがない。少なくとも「まぐわい」は、猥褻《わいせつ》な遊戯とはされない事象であっただろう。

そうした古代に思いをはせてみよう。

イザナギとイザナミの「みとのまぐわい」

『古事記』では冒頭で、イザナギとイザナミによる大八島《おおやしま》の生成の話がでてくる。天《あま》つ神ご一同の意向を受けて、イザナギ・イザナミの二柱が天降る。その途中の浮橋に立ち、沼矛《ぬぼこ》で海水を攪《か》き鳴して引きあげたとき、滴り落ちた塩水が積もり固まって淤能碁呂島《おのごろじま》ができた。二柱は、その島に天降る。そして、天《あめ》の御柱《みはしら》と八尋殿《やひろどの》をつくった。この御柱は、結婚儀礼のための廻《めぐ》り柱である。しかし、なぜ柱を廻ってまぐわうのか。

そのとき、イザナミが「吾《あ》が身は、成り成りて成り合はざる処一処《ところひとところ》あり」（旧字は新字に改め、ルビを付けた。以下、同じ）、という。イザナギが「我が身は、成り成りて成り余《あま》れる処一処《ところひとところ》あり」、という。そして、その成り合わざるところに成り余れるところを「さし塞《ふた》ぎて、国土《くに》を生み成さむ」と続く。何とも、わかりやすい表現である。

その行為を、「みとのまぐわい」（美斗能麻具波比）とする。ここでの「みと」は、御室でもよいし、寝所でもよい。その他の説もあるが、それはともかくとして、しかるべき聖所での男女のまぐわい、と解釈するのでよかろう。

イザナギがいう。「然《しか》らば吾《あれ》と汝《いまし》とこの天の御柱を行き廻り逢《あ》ひて、みとのまぐはひ為《せ》む」。ところが、「あなにやし、えをとこを」（ああ良い男、の意）と、イザナミが先に言葉を発して先行した初回は、失敗した。生まれた子は、水蛭子《ひるこ》であった。この子は、葦船《あしぶね》に入れて流し去らせた。

そこで、天つ神にはかって太占《ふとまに》（古代の占法）で占なってもらった結果、「女《おみな》先に言へるによりて良からず」、という託宣が下った。あらためてイザナギが先に言葉を発することに直して御柱を廻り直した。

「あなにやし、えをとめを」（ああ良い女、の意）
「あなにやし、えをとこを」（ああ良い男、の意）

そう唱えながら「御合《みあい》して」。この場合の「御合」は、性交と解釈せざるをえないだろう。それで、大八島の生成と相成るのだ。
ちなみに、大八島とは、現代に相当する地名を合わせてみると以下のようになる。
淡道《あわじ》の穂の狭別《さわけの》島 ― 淡路島
伊予《いよ》の二名《ふたなの》島 ― 四国（四県）
隠伎《おき》の三子《みつごの》島 ― 隠岐島
筑紫《つくしの》島 ― 九州（四県）
伊伎《いきの》島 ― 壱岐《いき》島
津《つの》島 ― 対馬《つしま》
佐度《さどの》島 ― 佐渡島
大倭豊秋津《おおやまととよあきづ》島 ― 大和を中心とした畿内
イザナギ・イザナミの二柱（神）が「まぐわい」をして国土を生んだのである。世界の各地に創生神話があるが、これだけあからさまに性交と出産を連想させる事例はほとんどみられない、といえるのではなかろうか。その考察は後まわしにするが、たしかにそういえるだろう。
なお、この『古事記』における文脈の解釈については、これまでに諸説がある。男尊女卑の悪習はここにはじまる、などと解くむきもある。が、それも、ここではさておく。ここでは、「みとのまぐわい」は国生みの聖なる性行為であったことを、しかと認めておくことにしたい。

そのことは、『日本書紀』からも同様に読みとることができる。そこでは、「雌《め》の元《はじめ》」と「雄《お》の元《はじめ》」を合わせることで大八洲国を生む、とある。が、国生みの大意は『古事記』と同じで、『日本書紀』には「みとのまぐわい」という言葉こそないが、両者のあいだに齟《そ》齬《ご》はみられないのである。

多情なオオクニヌシの「婚《まぐわ》い」

次に、オオクニヌシの行旅から説く。

オオクニヌシといえば、稲羽《いなば》（因幡）の素兎《しろうさぎ》を助ける美談がよく知られる。しかし、それは、冒頭のほんの一部であって、その行旅は多難であった。そして、多情でもあった。

オオクニヌシは、八十神《やそがみ》（多数の兄弟神）が婚《よば》わんとしていたヤガミヒメ（八上比売）から、吾は汝《いまし》に「嫁《あ》わむ」と求愛された。そこで、八十神の怒りをかい、迫害される。生命の危機にもおちいり一度は死すも母《おも》神の機転をもって蘇生《そせい》し、そのあと八十神を避けて根の堅州《かたす》国に逃亡する。

オオクニヌシは、幾多の名前をもつが、そのときの名はアシハラシコオ（葦原色許男）といった。

そこには、スサノヲの命《みこと》（須佐能男命。以下、スサノヲ）が坐《ま》す。なぜそこにスサノヲが、とは問うまい。スサノヲは、オオクニヌシの六代前の祖先であるが、オオクニヌシに対しては非情なまでの試練を与える。その試練をことごとく乗りこえることができたのは、スサノヲの娘スセリビメ（須勢理毘売）の助けがあったからである。

オオクニヌシとスセリビメとの出会いを、『古事記』では次のようにいう。

その女《むすめ》須勢理毘売《すせりびめ》出で見て、目合《まぐわい》して、相婚《あ》ひたまひて

初対面ではあるが、「目合う」。つまり、まぐわうのだ。そのあとの「相婚ひ」は、相をも合わせて「あ」と読んでいるが、「婚ひ」は「まぐわい」とも読む。交接（性交）の意。この場合は、目くばせをしてすぐに深くまぐわった、ということになろうか。スセリビメも、それを受け入れた。父スサノヲに反してまでも、スセリビメはオオクニヌシに献身的なのである。

オオクニヌシが寝ているときに蛇にからまれると、呪力《じゅりょく》のある領巾《ひれ》を渡して「三たび挙《ふ》りて打ち撥《はら》ひたまへ」。呉公《むかで》と蜂にからまれたときも同様に救った。野に出たオオクニヌシはスサノヲに火を放たれたが、これもスセリビメの意を受けた鼠《ねずみ》に救われた。

スサノヲによる幾多の試練のなかで、スセリビメを背負い、スサノヲの生大刀《いくたち》と生弓矢《いくゆみや》と天《あめ》の詔琴《のりごと》を取り持って逃亡するオオクニヌシ。そのオオクニヌシに向かってスサノヲが

のたもうたものだ。「おれ（お前）大国主《おおくにぬしの》神となり、また宇都志国玉《くにたまの》神となりて、その我が女《むすめ》須勢理毘売を嫡妻《むかひめ》として、宇迦《うか》の山の山本に、底つ石根《いわね》に宮柱《みやばしら》ふとしり、高天の原に氷椽《ひぎ》たかしりて居れ。この奴《やつこ》」と。そこで、オオクニヌシは、出雲《いずも》に赴いて後は国造りに励むことになる。

スセリビメは、嫡妻（正妻）としておさまるのである。

しかし、オオクニヌシは、多情であった。

因幡からの縁で出雲まで追ってきたヤガミヒメ（八上比売）と「先の期《ちぎり》の如くみとあたはしつ」（傍点筆者）。ここでの「みとあたはしつ」は、文脈からすると婚姻をした、となる。重婚となるが、ヤガミヒメはスセリビメを畏《かしこ》みて、そこで産んだ子を木の俣《また》に刺しはさんで帰っていった（その子を名付けて木俣《きのまた》の神という）。

さらに、オオクニヌシは、高志国《こしの》（越の国）のヌナカワヒメ（沼河比売）のもとに「婚《よば》う」のだ。そして、きわどい文言がからむ恋歌を交わす。

（前略）
高志《こし》の国に　賢《さか》し女《め》を　ありと聞かして　麗《くは》し女《め》を　ありと聞こして　さ婚《よば》ひに　あ
り立たし　婚《よば》ひに　あり通《かよ》はせ
（後略）

これに対して、ヌナカワヒメも謎めかして応えたものだ。

（前略）
白き腕《ただむき》　沫雪《あわゆき》の　若やる胸を　そだたき　たたきまながり　真玉手《またまで》　玉手さし枕《ま》き
百長《ももなが》に　寝《い》は寝《な》さむを　あやに　な恋ひ聞こし

しかし、「その夜は合はずて、明日《くるひ》の夜、御合《みあい》したまひき」、と相なる。この場合の「御合」も、婚姻、すなわち性交と読めるのである。かように、オオクニヌシは、多情をあらわに行旅を続けるのである。

その結果、妻スセリビメの嫉妬《しっと》と怒りをかうことにもなったが、情愛を認め合う歌のやりとりがあり、蓋結《うきゆい》（心変わりのないことを盃《さかずき》を交わして結び固める）を行なって鎮めたものだった。

なお、こうした文脈の流れを読み解いてみると、ただ単なる多情行とみるのはどうか、と思える。出雲の国造りにはやむなしの大らかな、あるいはしたたかな外交とみることもできるのである。

ちなみに、『日本書紀』にはオオクニヌシのこうした行旅はでてこない。オオナムチの命（大己貴命）とスクナビコナの命（少彦名命）が力を合わせて国造りを行なったことだけが紹介されているにすぎないのだ。これは、さらなる中央集権をはかって編じられた『日本書紀』編纂《へんさん》の側からは、出雲とオオクニヌシは地方のはなしとして割愛せざるをえなかったからに相違あるまい。ここでのオオクニヌシは、『古事記』における「色男」、としておくことにしよう。

ニニギの命とサクヤビメの「目合」

三場目の事例もとりあげておこう。

天孫降臨がニニギによってなされる。「竺紫《つくし》の日向《ひむか》の高千穂《たかちほ》のくじふる嶺《たけ》に天降りまさしめき」。その嶺《みね》がどこかについては、古来論争があったが、ここではそれにふれないことにする。

そのニニギが笠沙《かささ》の御前《みさき》で麗しき美人《おとめ》に遇《あ》った。オオヤマヅミの神（大山津見神。以下、オオヤマヅミ）の娘木花《このはな》のサクヤビメ（佐久夜毘売）であるが、その名前を聞いてすぐにのたもうたものだ。

「吾汝《あれいまし》に目合《まぐわい》せむと欲《おも》ふは奈何《いか》に」

これは、いかにも性急すぎる。

サクヤビメも、「僕《あ》が父大山津見神《の》ぞ白《もう》さむ（聞いてみましょう）」、と答えたものだ。

父オオヤマヅミは、天つ神からの要請を喜んだ。そこで、サクヤビメの姉イワナガヒメ（石長比売）を「副《そ》え」嫁がせようとした。

しかし、その姉は、いと醜かったので、ニニギは見畏《みかしこ》みて送り返した。そして、サクヤビメだけを留《とど》めて、「一宿《ひとよ》婚《まぐわい》したまひき」。文字どおりに読むと、ニニギは、天つ神とはいええらい理不尽なことをしたことになる。

ニニギの命とサクヤビメ（石井林響筆「木華開耶姫」、千葉県立美術館所蔵）

　それによって、父オオヤマヅミと娘サクヤビメともに葛藤《かっとう》が生じる。

父オオヤマヅミが、女《むすめ》二人を並べて奉るには意味があった、と嘆く。「石長比売を使はさば、天つ神の御子の命《いのち》は、雪零《ふ》り風吹くとも、恒《つね》に石《いわ》の如くに、常《とき》はに堅《かき》はに動かずまさむ。また木花の佐久夜毘売を使はさば、木の花の栄ゆるが如《ごと》栄えまさむと誓《うけ》ひて貢進《たてまつ》りき」。それなのに、「ひとり木花の佐久夜毘売を留めたまひき。故《ゆえに》、天つ神の御子の御寿《みいのち》は、木の花のあまひのみまさむ」。木の花のように、もろくはかなく散るでしょう、との託宣を告げたのである。

サクヤビメは、一宿《ひとよ》で懐妊していた。そして、案じる父神を前に毅然《きぜん》と言い放った。「吾が妊みし子、もし国つ神の子ならば、産むこと幸《さき》くあらじ。もし天つ神の御子ならば、幸くあらむ」、と。そして、土を塗り塞《ふさ》いで、出入り口のない八尋殿《やひろどの》（産屋）をつくって、そこに籠《こも》って出産をした。

そこで生まれた子が、ホデリの命《みこと》（火照命。以下、ホデリ）、ホスセリの命（火須勢理命）、ホオリの命（火遠理命。以下、ホオリ）である。ホデリが海幸彦、ホオリが山幸彦として物語は続くが、ここでは以下割愛とする。

ただ、ここでのやりとりは、意味が深い。大八島の国の形成とそこでの人の安住のためには天つ神と国つ神の両部信仰とそこでの「まぐわい」〈出産〉が不可欠であることをものがたっているのだ。そして、山と海の共栄維持が大事として、次にホオリ（山幸彦）と海神の娘であるトヨタマヒメ（豊玉比売）との「まぐわい」が成されるのだ。その結果が、一代を経ての孫カムヤマトイハレビコの命（神倭伊波礼毘古命）、すなわち神武天皇へと続いていくのである。

『古事記』のなかで、かように生々しい、なれど必然ともいうべき「まぐわい」の記事が登場するのである。

後に民間でさまざまに変化しながらも伝えられる種々の性神信仰、そのよりどころの何《なん》分《ぷ》かはここにある、といってもよかろうか。それが、時代とともに、幾とおりかの解釈や表現が派生することにもなる。たとえば、文芸や造形の分野では、より美化されることにもなる。また、より俗化されることにもなる。そして、多くの日常の生活では、隠されたり封じこめられたりすることにもなる。とくに、戦後（第二次世界大戦後）の学校教育のなかでは、『古事記』や『日本書紀』の全容にふれることはついぞなかった。

その変容の歴史は、いかにも長い――。

神話での性は聖なるもの

この種の神話は、世界にも広く共通する。神々の誕生と神位の構成が元にある。そして、そこでの国土や人間の創生とその儀礼が続く。原始にさかのぼってみれば、多々共通するところである。

たとえば、ミルチャ・エリアーデ『永遠回帰の神話――祖型と反復』。現在《いま》あらためてひもといてみると、「まぐわい」を説く指摘も数々あることがわかった。やや難解なところもあるが、またページを前後することにもなるが、できるだけその主旨を忠実に要約してみると、以下のような筋立てとなる。

古代世界では、俗的活動は何も認められない――狩猟、漁猟、農耕、もしくは競技、闘争、性行為などのあらゆる行為は、何らかの仕方で「聖」とかかわり合う。

そこで、人間の行為を人間以外のモデル（神々や英雄、怪物の類）を通して正当化すること――これらの役割をもつ神話の出現――すべての生活上の重要な行為は、神々とかによって啓示されたものであった――それが「祖型」（アーケタイプ）となり、人びとは、その祖型の模倣と反復を通してきた――とくに、ヨーロッパにおける君主たちは、神話的英雄を模してきた。そして、そうした歴史的人物も神話化されることになった。

それにしたがうと、神々の存在は、私たちの生存活動の「祖型」（アーケタイプ）を表わしている、ということになる。神々の「まぐわい」も、その表現の濃淡はともかくとして、神話では聖なる行為のひとつであった。

いわゆる創世神話の類と相なる。世界の民族が、それぞれに創世神話を伝えている。そこでは、複雑に神と神、神と人がからみ合う。そのなかで、日本でも比較的よく知られている四題を以下に要約してとりあげておく。

中国の始祖神話――殷《いん》王朝の始祖契《せつ》や周《しゅう》王朝の始祖后稷《こうしょく》の出生にみられるような「感生神話」というべきものである。たとえば、野で遊んでいた娘が燕《つばめ》の卵を飲んだり巨大な足跡を踏んだりしたときに懐妊して始祖を産んだとする。漢《かん》王朝の始祖劉邦《りゅうほう》の場合は、母が野原で昼寝中に神と交わる夢をみた。そのとき、彼女の体の上には竜がいた。それで懐妊した、という。それらの神話に倣ってか、儒家の孔子《こうし》にも同じような出生伝説がある。孔子の父母が尼丘山《じきゅうざん》に詣《もう》でて子授けを祈ったところ、母徴在《ちょうざい》が黒竜の精を体に感じて孔子を孕《はら》んだ、という。古代中国には、この種の感生神話が少なくないのである。

古代朝鮮の檀君《だんくん》神話――天地創造神話や人類起源神話、高句麗《こうくり》・百済《くだら》・新羅《しらぎ》等の建国神話などがあるが、もっとも広く語り継がれてきたのは檀君神話である。シャーマンの語り歌（巫歌《ふか》）のなかに多く残されている。

天界の支配者の指示を受けた桓雄《かんゆう》が天符印三種を携えて太伯山《たいはくさん》の山頂に降臨した後、無秩序状態にあった地上の掌握に努め、熊女《ゆうじょ》と結婚して始祖王の檀君をもうける。その大意から、天符印三種とは日本での三種の神器、人間と熊との通婚は東北アジアのツングース族などの伝承と類似することがみえてくるだろう。

なお、この檀君神話については、古代朝鮮時代から語り継がれてきた、とされるもののその確証は乏しい。高麗《こうらい》時代に独立朝鮮の精神的な支柱として創作されたという説もある。

ならば、檀君の実在も否定されることになろうが、ここでは神話の普遍的な構成だけを問うことにしたい。

他にも、古代朝鮮の起源神話には「兄妹始祖」がある。これは、中国大陸の南部から東南アジアにも分布する神話系である。

ヒンドゥー教の『マハーバーラタ』――ヒンドゥー教の神話の主たる典拠は、『マハーバーラタ』と『ラーマーヤナ』の二大叙事詩である。膨大な叙事詩から成るが、ここでは『ラーマーヤナ』の一部をとりあげておく。

ダシャラタ王の息子、英雄ラーマがジャナカ王の娘シーターを娶《めと》り、妻を誘拐した羅刹《らせつ》王ラーヴァナを殺すまでの話を主筋とするのが前篇。後篇においては、シーターの貞節を疑う民の声があるのを知ったラーマは、彼女を捨てる。やがてラーマは、妻の産んだ双子クシャとラヴァおよび妻と再会するが、彼女は母なる大地に抱かれて地上から去る。

ヒンドゥー教の主神のシヴァにまつわる神話もある。シヴァは、破壊神としての性格をもつ。しかし、その異常な力が転じて、海中から生じる猛毒を飲み干したりガンジス河の洪水を頭頂で止めたりすることで守護神ともされた。その妃が、魔女たち（荼枳尼《ダキニ》）を従えたカーリーと同一視もされるパールヴァティー。二人の間にできた息子が象面のガネーシャ、とされる。英雄譚《たん》としては、いささかおどろおどろしい神話が展開。それゆえにか、後年は妃パールヴァティーに関する神話がつくられ、夫に勝るほどの熱烈な信仰の対象となった。

ギリシャ・ローマの神話――混沌《こんとん》の淵《ふち》カオスでさまざまな男（男神）・女（女神）との交合があり、さまざまな神々が生まれる。そして、怒りや戦いが生じる。そのなかで勝利をするのがゼウスである。神々の王になったゼウスは、最初に知恵の女神メティスと結婚した。が、メティスが妊娠すると、男子なら不吉との後見者ガイアたちの予言にしたがい、彼女を腹の中に呑《の》みこんだ。その胎児は、そのまま無事に成長して父ゼウスの頭のてっぺんから勇ましい叫び声をあげながら飛び出した。これが戦争と知恵と技芸の女神アテナとなる。

次に、ゼウスは掟《おきて》の女神テミスを娶り、季節の女神ホライと運命の女神モイライを産ませた。さらに、ゼウスは海の女神エウリュノメとも交わり、美の女神カリスたちを産ませた。さらに、ゼウスは姉デメテルとも関係をもち、娘を産ませた。さらにさらに、ゼウスは記憶の女神ムネモシュネとも九夜にわたって関係する。まだまだ、ゼウスの女神遍歴は続くが、ここでは以下を割愛する。

そのゼウスが主役の神話は、神々と人間の持ち分を定める方向にも展開するし、人間世界の英雄たちの活躍（たとえば、トロイ戦争）にもつながっていくのである（以上、大林太良他編『世界神話事典』を参考にした）。

そうした神話にみられる性の交合の描写は、それぞれである。神話学では、系統を論じる傾向にもあるが、ここではそれにはふれない。ただ、そこでの性は、神と神、神と人をつなぐのに必然の行為とする。それが、共通する。そして、その聖なる「祖型」が人間社会につながる。いわゆる王権の始祖や英雄たちの権威づけとなることで歴史がつながる、ということになる。日本においての記紀神話も、天皇の系譜となり古大社（かつての官幣大社や国幣大社の類）の由緒になって伝えられた、とすればわかりやすかろう。

原始は「母神」崇拝

では、民衆社会では、神話的な「祖型」をどうとらえたか。どう利用してきたか。「五穀豊穣《ほうじょう》」と「子孫繁栄」の祈願の祖型がそこにある、と説くのはたやすい。たしかに、かつての村落社会では、五穀豊穣・子孫繁栄は、長く対《つい》の願目というものであった。家々で共通の、そのところでは公的な願目でもあった。村落社会の神社や仏寺での願目が多様化するのは、近代以降のことである。まず、公的な祈願として、八紘一宇《はっこういちう》とか武運長久とかが加わってくる。

もっとも、近世の江戸の町人社会にかぎっては、そのきざしが先行しており、個別な願いもきき届けるとする数多くの流行神《はやりがみ》を生んだ。稲荷《いなり》信仰・恵比須《えびす》信仰・七福神信仰などである。信仰の個別分化といってもよい。現代にも通じる都市化の一現象にほかならない。

しかし、村落社会ではそうでなく、氏神を相手であれ産土神《うぶすな》を相手であれ、共同体としての一族存続・一族繁栄を願うことを主願としてきた。それゆえに、五穀豊穣・子孫繁栄の対の願目こそが歴史を長く通じての大義というものであったのだ。かりに個人祈願を通そうとすると、それは秘《ひそ》かに呪術《じゆじゆつ》的な祈禱《きとう》に頼るしかなかっただろう。

しかし、その伝承の正当化を神話に求めるのは無理である。庶民が神話をどれほど語り継いだかに疑問をもつ前に無理である。原日本人ともいうべき人びとのこの列島弧における営みは、神話の成立よりはるかに古くから存在しているのである。農耕も性交も、はるかに古くから営まれているのである。

先に、神話においては民族の祖型を表わす、とした。それを訂正するつもりはないが、神話以前に原始の人びとにおける営みがある。それは、当然神話の形式にも影響を及ぼしてもいるだろう。しかし、ある種の作為をもってつくられた神話が語りえない原始の営みがあるに相違ない。そこに、「祖型」ならぬ「原始」があるはずだ。

『古事記』の成立が和銅五（七一二）年、『日本書紀』の成立が養老四（七二〇）年である。一般的な歴史区分からすると、紀元前一万年以上も前の縄文時代から人びとの暮らしがあったのである。そして、その晩期（前一〇〇〇年ごろ）から稲作の萌芽《ほうが》がみられるのである。いわゆる縄文式といわれる複雑な形態と文様をもつ土器類も晩期ごろ東日本を中心に普及をみる。また、それより前（中期）には、石棒や土偶などがつくられており、それらは呪具《じゆぐ》であっただろう、と想定されている（歴史学研究会編『日本史年表』による）。

その土偶であるが、縄文の中期から後期の遺跡において多く出土している。その多くが女性を表現したものであることに、あらためて注目をしたい。

現在の考古学では、縄文時代のはじまりは一万六五〇〇年前とされている。そして、その終焉《しゆうえん》は二三五〇年前とされている。その間は、じつに一万四〇〇〇年もあるわけで、もちろん一様に語るわけにはいかない。そして、出土例がすべてでもない（未出土のものも多かろう）。

出土した土偶でいうと、中期に出土点数が爆発的に増加して形態も多様化している。その四〇パーセントが三内丸山《さんないまるやま》遺跡（青森県）と八ヶ岳周辺（山梨県・長野県）の遺跡からの出土、という（竹倉史人『土偶を読む』）。出土地域が東日本に偏りがあるものの、土偶の多くが女性を象《かたど》ったものである。亀ヶ岡遺跡・三内丸山遺跡（青森県）、棚畑《たなはた》遺跡・坂上《さかうえ》遺跡（長野県）、江原台《えばらだい》遺跡・余山《よやま》貝塚（千葉県）などからの出土例が報告されている。

もっとも古い形式は、板状の土偶である。大ざっぱにいうと、逆三角形のレリーフ。上部に顔があり、その下に乳房を象る小ぶりな突起が二つ、最下部に臍《へそ》を象る小突起がある単純な形態である。立てたかどうか、立てるにはむつかしいかたちでもある。

途中の経緯を省略するが、やがて裸婦形の土偶が出てくる。美術全集などに紹介されている立像である。考古学では、遮光器《しやこうき》土偶とされる。

たとえば、亀ヶ岡遺跡から出土のそれは、開脚の立像である（東京国立博物館に収蔵）。両眼が大きく、横に一文字の彫線がある。乳房は眼球に比べるとはるかに小さい。衣服をまとったように線や点線で模様が付けられている。そのスカート状の裾《すそ》（左右）に大きなC字形の渦巻模様が施されている。

このC字形は、大きな眼球の向い合わせ、両脇や両上脚の彎曲《わんきょく》にも共通する、と注目するむきもある。そこで、C字形の文様の奇怪さの呪縛性がしばしばとりあげられる。たとえば、植物・動物との結合（その模様の類似性か）によって自然力の世界を呪縛、人間の生命力の維持と成長をはかる、などとの解釈もなされている（吉川逸治「原始日本の美術」、

妊婦とみられる土偶（北秋田市伊勢堂岱遺跡出土） 縄文時代の土偶では女性を象ったものが多い。畏怖しての造形か（伊勢堂岱縄文館蔵）

『原色日本の美術(1)』に所収)。もちろん、さまざまな解釈があってよい。しかし、それが女性像であることを忘れてはならない。遮光器土偶は、まるで武装した女性ともみてとれるのである。

北秋田市の伊勢堂岱《どうたい》遺跡からも多数の土偶が出土している。そのうち、明らかに裸婦像とみられるものが相当数ある。

なかでも特筆すべきは、逆三角形の顔と大ぶりな乳房をもった土偶である。臍まわりの膨らみは、妊娠を表現しているとみてよいだろう。東北地方には出土例の少ない遮光器土偶に類似の土偶である。

他にも、小ぶりな乳房と下腹部に突起の付いた板状の土偶(男女の判別はつきにくい)や下腹部にまるで下着のごとく刻線模様がついている女性像などがある。そのうちの四八点が伊勢堂岱縄文館に展示されている。この種の土偶を一覧するとしたら秀逸の展示である。

土偶の他にも、深鉢の把手《とって》に人面が付いている土器の出土が各地にみられる。その多くが女性の顔とみなされている。また、深鉢型土器の口縁部に足を広げたような把手が付いている出土例もある。それについては、親しい知人の考古学者(渡辺誠)の報告例がある。

それらは、男女の性的結合を意味し、死と再生の観念によって、食料などの豊かさを願う願望が込められていると考えられる。すなわち土器は女性の身体に見立てられ、なかで調理された食べ物は新しい命とみなされ、祭りの場における調理用具兼祭器であったと考えられるのである。

（「足を広げた縄文土器」、『堅田直先生古希記念論文集』に所収）

土偶だけでなく、土器そのものを女性とみる。それについても、他に諸説があるが、「母体から生まれ出る生命の神秘を尊んでのこと」（渡辺誠）という見解を尊重してよいだろう。生命の誕生、その安産を祈願する。病気や怪我の回復を祈願する。さらに、狩猟や採集の豊かなることを祈願する。と、連想もできようか。

呪術的行為が遠のいて久しい現在、それらすべてがそうでもあろうか、とみるしかないだろう。

土偶と植物と豊穣

最近、そのなかで食物採集に特化した学説がでてきた。

竹倉史人（人類学者）の『土偶を読む――130年間解かれなかった縄文神話の謎』がそうで、まことに興味深い報告がなされている。端的にいえば、土偶の多くの表情が採集食物を表わしている、というのだ。たとえば、土偶の頭や顔がオニグルミやトチノミなど

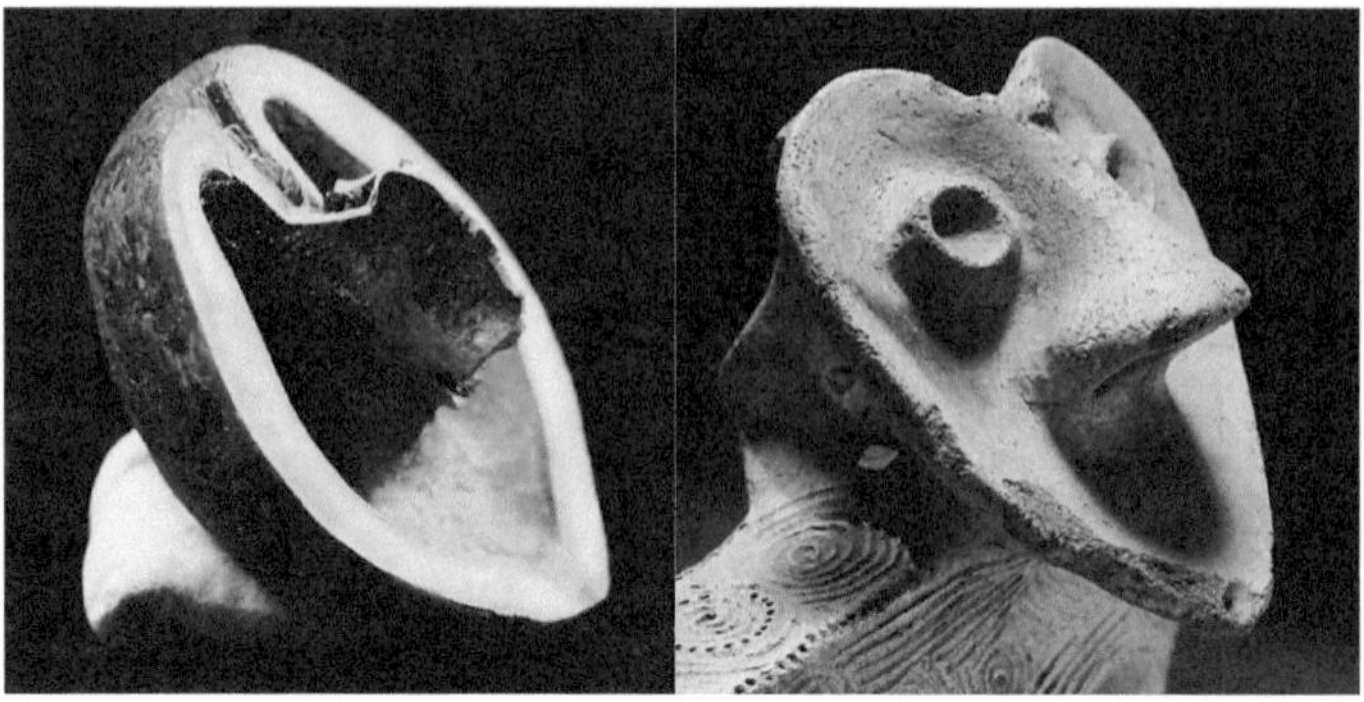

酷似する二つの形　オニグルミは、縄文人の重要な食料であった。そのハート形の断面と遮光器土偶の顔のかたちが類似する（竹倉史人『土偶を読む』より）

の木の実、アサリやハマグリなどの貝類に類似する、とみるのである。

たとえば、顔がハート形の土偶がある。群馬県の東吾妻町《ひがしあがつままち》郷原《ごうばら》から出土したものが有名だが、それ以外にも数十点以上が確認されている、という。そのハート形は、オニグルミを二つに割った断面と酷似。さらに、その断面を斜めから見ると、ハート形土偶の顔つき（眼や鼻の凹凸）とも酷似する。そうした発見が報告されているのである。

「土偶は食用植物を象ったフィギュアである」、と竹倉史人氏は仮説をたてた。そして、「土偶は読むことができる」ともいう。まことにうがった新学説である。

五穀豊穣の祖型の以前《まえ》に採集食物の豊穣、その原始があるか。これは、重大な発見である。つまり、穀物栽培が始まる前が採集食物の豊穣と子孫繁栄。とくに稲作が広まってから五穀豊穣の願目が加わったのであろう。単純な流れであるが、そうであろう。

農耕が主流になったとしても、子孫繁栄は人びとの変わらぬ願目であった。いや、採集食物も栽培作物も食料安定ということでは同じ。ならば、食料安定と子孫繁栄。原始以来、人びとにとっての不変の対《つい》の願目といえるのではあるまいか。

ちなみに、「五穀」の意識が固まるのも『古事記』あたりからであろう。

そこでは、オオケツヒメ（大気都比売）が鼻や口、尻からまでも「種々《くさぐさ》の味物《ためつもの》を取り出《いだ》して種種《くさぐさ》作り具《そな》へて進《たてまつ》る」、とある。それを汚らわしいとみたスサノヲが殺した。すると、その遺体の頭から蚕《かいこ》、目から稲種《いなだね》、耳から粟《あわ》、鼻から小豆《あずき》、陰《ほと》から麦《むぎ》、尻から大豆《まめ》が生まれた。これをカミムスヒ（神産巣日）の御祖《みおや》の命《みこと》が取らしめて種《たね》と成したもうた。

『日本書紀』では、オオケツヒメに代わってウケモチの神（保食神）が登場。目に稗《ひえ》、腹に稲、陰に麦・大豆・小豆が化生した、とある。

一部違いはあるが、ここに五穀を数えることが定まるのである。

が、それ以前に採集植物や魚介類・鳥獣類に頼った暮らしがあった。そこでの祈願目は、自然界での「食料安定」。五穀豊穣以前がある、ということをしかとわきまえておこう。

それに対して、「子孫繁栄」は原初からの祈願目ということになるのである。

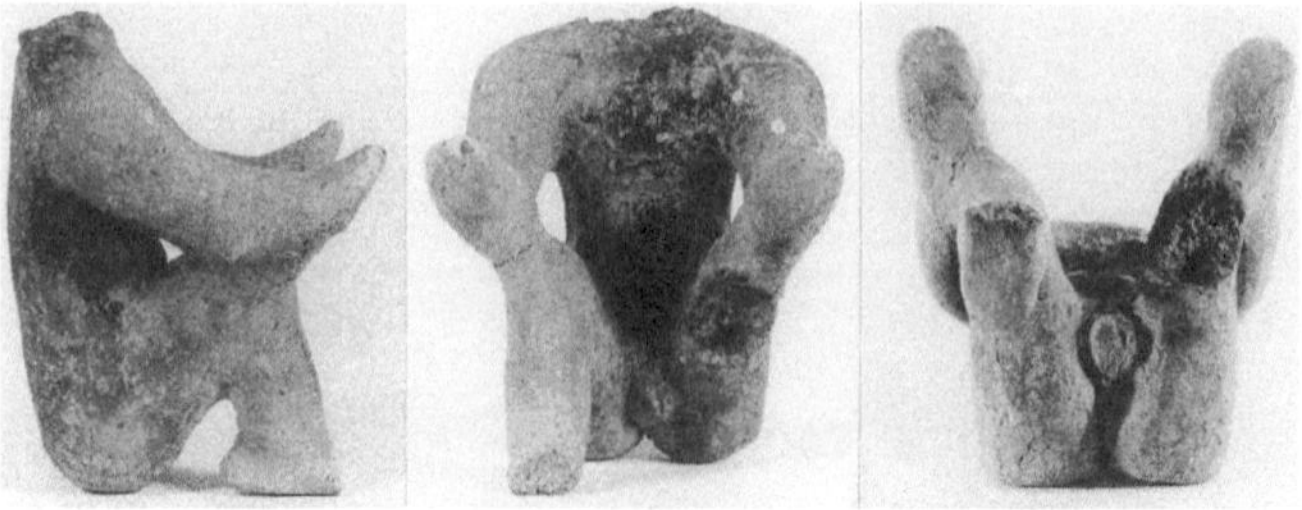

座産土偶（栃木県藤岡神社遺跡出土） 座位での出産を表わしている。土偶には妊娠線（正中線）が描かれている（渡辺誠『目からウロコの縄文文化』より）

生殖器崇拝も女性器から

さて、縄文中・後期における土偶は、そこではいかような形態であれ女人像が多いのだ。それが、これまでは、世界にも通じる「生殖器崇拝」（ファリシズム）ともされてきた。たとえば、カルデア（トルキスタン）・エジプト・シリア・イタリアなどで新石器時代（紀元前数千年）の出土例の報告がある。そこに、女性器と思える股《こ》間《かん》の造形がみられるからだ。これも、無視できないことである。

たとえば、昭和三（一九二八）年刊の出口米吉《でぐちよねきち》『原始母神論』では、以下のようにいう（旧字は新字に改め、ルビを付けた）。

「未開の人類が、始て生殖器の霊妙なる作用を悟った時に、忽《すなわ》ち之を以《もち》て不可思議なる霊物として崇敬尊拝し、ひたすら之《これ》に頼りて自己の欲求を満足せしめんと試みたのが、生殖器崇拝の起源であるまいかと思われる」
「此の如《ごと》くに、蒙昧《もうまい》未開の人民の間には、妊娠の正しい理法が容易に理解せられず、陰因の必要のみが認められて、陽因は更に考慮せられなかった」
「即《すなわ》ち母系制度は父系制度よりも先きに、陰因の崇拝は陽因の崇拝よりも前に行われたこととともなるのである」

そういうものか、と理解するしかなかろう。それ以降の研究書でも、この出口論をくつがえすものはでていないのである。

前掲のエリアーデ『永遠回帰の神話――祖型と反復』でも、古代社会では、性行為を含むあらゆる行為は「聖」とかかわり合う、といっている。それは、そうだろう。何年、何代にわたっての経験律があったとしても、自然の脅威は、人知の及ばぬ災難をもたらすことになる。医学が未発達な時代では、出産も摩訶不思議な恩恵であり、危険な試練でもあったであろう。

女性器崇拝があるとすれば、そこでは出産を何よりも崇高なものとしてみるのは、しごく妥当なことである。動物的な本能からみても、種の保存原理といえるだろう。

科学的な知識や技術に依存する現代の私たちには、縁遠くなっていることでもある。しかし、地震や水害や伝染病などで生命の存続が危うく、対処も及ばない状況を想定してみると、わかりやすいかもしれない。それがいつとはなしに頻発するとしたら、私たちはどう行動するだろうか。人類という視点でみると、それは他人ごとではないのである。

その原始に、「生殖器崇拝」（ファリシズム）があった。そして、それが拡大しての祖型に「性神信仰」があった。はじめは、女性のそれが重視された。

そこでもうひとつ、女性の生殖器の神秘性とともに、女性の呪力にも注目しておかなくてはならないだろう。

神懸りして託宣をする、そのはじめは女性の特権でもあった。日本でも巫《かんなぎ》（男）よりも巫女《みこ》の立場が強かったことは、『古事記』でも確かめられるし、平安文学でも確かめられる。いわゆる武士の台頭による男権組織が確立されるとともに、それが後退する。しかし、その後も長く、津軽《つがる》のイタコや陸前や南部のオガミサン、沖縄のノロやユタなどのように巫女の習俗伝承もあった。古くさかのぼると、女性は神に近い存在でもあったのだ。したがって、それをもってしても女性器崇拝は「聖」なる原初信仰、とみるべきなのである。

やがて、女性器崇拝が男性器崇拝に転じることにもなった。そのことについては、古く長い歴史のなかでの転換であり、安直な推測はむつかしいところがある。武士にみられる男権社会のなかで、というしかあるまい。いつの時代かを特定するのは、むつかしいことではある。

生殖器崇拝の変化

これまで女人の土偶に注目してきたが、同時代（縄文中期のころ）に出土した石棒類を無視したわけではない。

いかにも男根を模したであろう形態である。しかし、明らかに女人を模した土偶の類と比べると、その出土例は少ない。その形状も、先端が丸まっているだけで男根とみなすかどうかの所見が分かれるところである。考古学でも、その粗製品を石棒、精巧なものを石剣と呼び分けてきた。ということで、ここでとりあげることを急がなかった。むしろ、後年になるにしたがって、男根形の石造物（陽石）が数多く出てくるのだ。後年とはいっても、縄文につなぐ弥生時代ではない。それを論じるには、ずっと後の近世を待たなくてはならないのである。

その間に長い時代の推移がある。縄文時代の終焉から弥生時代への移行が紀元前三〇〇年ごろ。それから紀元後三〇〇年ごろまでが弥生時代である。その弥生時代は、土器製作が盛んであった。

いわゆる弥生（式）土器であるが、縄文土器とは大きな違いが出る。装飾が過剰なまでの縄文土器に対し、弥生土器は横縞《よこじま》や波形など幾何学的な文様が整えられてくるのである。器体も、回転台を使って成形したかのごとく膨らみが円く整えられているのである。はじめは北九州の遠賀川《おんががわ》式土器で、その様式が瀬戸内沿岸から畿内地方に、さらに伊勢湾沿岸のあたりまで伝わった、とされる。縄文土器が東日本を中心に、弥生土器が西日本中心に。その分布だけみても、民族系の違いがあるのかとさえも推理できようか。が、ここでは、それはさておくことにする。

弥生土器には、縄文土器にみられた女体を強調した土偶の類が出てこない。それが出土しないから無かった、と短絡視するのではなく、その背景に何があったかを考えてみよう。縄文時代晩期から弥生時代にかけて、農耕栽培の出現があった。それは、人類の世界観を大きく転換するできごとであったに相違ない。後世における電気器具や自動車の発明と普及と同じようなできごと、とみてもよいだろう。

縄文晩期には、イネ科の穀物が栽培されていた。イネ・アワ・ヒエ・キビ・オオムギなど。前掲の『土偶を読む』（竹倉史人）では、遮光器土偶に三角形の刺突文があるのに注目して、それはヒエの穎《えい》（穂先）を象《かたど》っているのではないか、と仮説をたてている。その発想も大いに共感できるところだ。ただ、他に穀物に見立てられる類例が出てこない。そのところは今後の課題として、農耕文化のなかでも穀物栽培の出現をどうみるかは、生殖器崇拝（ファリシズム）のあり方とも大いに関係がありそうなのである。

以下、大胆な私見とする。

未開の民俗社会、日本においては縄文期の社会では、妊娠についての理解が不確かであっただろう。男女がまぐわって（性交して）子どもができる、という事実は皆が知っていた。しかし、男の精液（精子）がその元をなす、と理解されていたかどうか。少なくとも、目に見えるところで女体の生理や体形の変化ほどには精子の存在は明らかでなかっただろう。そこで、「陰因の必要のみが認められて、陽因は更に考慮せられなかった」（出口米吉『原始母神論』）。

それが、女体を模した土偶をも大量に生んだのではあるまいか。それは、「陰因信仰」（女陰信仰）ともいえるもので、そこで出産の安全と「子孫繁栄」が祈願された。さらに、採集植物の安定も重なった。と、これまでみてきた。

やがて、精子の機能も知られてきたであろう。そこでは、精子が先行して妊娠が成ることが広く認知されることになった。それを、穀物栽培と関連づけてみたらどうか。後世の言葉になるが、「種《たね》」という共通語がある。「種をまく」と「種をつける」。その発見と認知があったとしたら、陰因の崇拝が薄らいでもくるのではあるまいか。先行順が陽因（男根）に代わる。

『古事記』でみたイザナギ（伊邪那岐命）とイザナミ（伊邪那美命）による「みとのまぐわい」も、その仮説の延長上で理解が進むはずだ。天《あめ》の御柱《みはしら》を廻るとき、イザナミが先行したのをあらためてイザナギが先行することで大八島の生成が成就した。ここは、種子植物の、そして哺乳《ほにゅう》動物の生成論でみるとわかりやすいのではあるまいか。

そして、後世に伝わる「子孫繁栄」「五穀豊穣」の祖型がここにある、と私はみた。

さて、そうした経緯をもって陰因優先が陽因優先へと交代してくる。あるいは、陰陽が合わせて信仰されるようになる。

前にもことわったように、いつのころからかはわからない。一〇〇〇年以上にも及ぶ古墳時代から古代・中世にかけての資料があまりにも乏しいのだ。

古墳時代になると、埴輪土偶《はにわ》で性器をつけたものが出土している。たとえば、群馬県伊勢崎市の古墳から出土した埴輪土偶には、男性器をつけたものがある。また、群馬県太田市の古墳から出土した埴輪土偶には女性器をつけたものがある。さらに、栃木県真岡《もおか》市の古墳からは、女性器をもつ土偶と男性器をもつ土偶が出土している。

西岡秀雄『図説　性の神々』では、「生殖器が、デモン（悪魔）をのぞく力をもつと信じて、死体を保護する意味であっただろうと考える」という宮地直一《みやじなおかず》博士の一文「神社と考古学」（『考古学講座』、昭和四年）をとりあげている。古墳からの出土ということでは、そうした解釈もありえるのかもしれない。しかし、あまりにも出土資料が少ないのだ。埴輪土偶でも以上の三点にかぎると、はなはだ稀《まれ》な事例といわなくてはならない。したがって、それ以上の推測も控えざるをえないところがある。

古代・中世の文献でも、生殖器信仰にふれたものが見当たらない。

古代末から中世になると、絵巻物がつくられてもいる。たとえば、『扇面古写経《せんめんこしゃきょう》』『鳥獣戯画《ちょうじゅうぎが》』『信貴山縁起絵巻《しぎさんえんぎ》』『餓鬼草紙《がきぞうし》』『北野天神縁起《きたのてんじんえんぎ》』『一遍聖絵《いっぺんひじりえ》』などである。京の風

塞の神とみられる丸石　関西地方や山梨県下で丸い石を塞の神として祀る習俗が伝わってきたが、これはその古風のひとつとみられる（『信貴山縁起絵巻』より）

俗が中心に描かれているとはいえ、当時の衣・食・住をはかるには貴重な資料である。しかし、そこにも生殖器信仰を表わす画面がほとんど見当たらないのである。

そのところで、中世は空白の時代である。ただ一例、道祖神とみられる図がある。大和の道端の図である。

柳の木の下の岩の上に、丸い石がのせられている。そのまわりに幣串《へいぐし》（四角い紙をはせた串）が五本立てられている（『信貴山縁起絵巻』）。これを道祖神と解説するのは、澁澤《しぶさわ》敬《けい》三《ぞう》・日本常民文化研究所編『絵巻物による日本常民生活絵引』（平凡社、昭和五九年）である。

大和地方では昔からそういうところへさいの神をまつる風習があった。そしてさいの神の神体はもと多くはここに見られるように丸い石であった。大ていは河原などからひろって来てまつったものという。

さいの神の神体に丸い石をまつるのは東では山梨県下にひろく見られるところであるが、関西でも大和、河内、和泉に見られた。四国では丸い石を田の神としてまつる風がある。この図はその位置や描かれた様子から見てさいの神であると思われる。

後世では、そうした丸い石を陽石とみるむきも生じた。しかし、絵巻物上の、ただ一画面のそこに性神信仰をかぶせるわけにはいかない。

道祖神については、あらためて考察するが、もともとは「塞《さい》の神」であった。道の辻（分岐点）に祀《まつ》られた石像で、悪霊が集落に入り込むのを防ぐために設置されたのであろう。現在でも、その残存例が信州（長野県）から関東一円に広く認められる。序章でも述べたように、それが主流ではないが、そのなかに男女の双体道祖神がある。それが、立位や座位でからみあうものもあるのだ。それも性神信仰の一例に相違ないが、塞の神から性神への推移は必ずしも明らかでない。ただ、歴史的には古いことではない。そのうちの何例かに遺《のこ》る年号は、ことごとく近世は江戸期のものなのである。

道祖神の他にも陽石、陰石、あるいは陰陽石が現在も遺る事例が各地にある。それも、年号が刻字されているのは、ことごとく江戸期のものである。とくに、近世以降は、男根を写実的に象った陽石、あるいは木彫が多く出現した。古くは女性器崇拝と仮定したが、それが大きく転換したのだ。

では、なぜ近世において、陽因が顕在化するのか。次章では、それを問うことにする。

第二章　残存の陰陽諸相

石や木を生殖器に見立てる。

円柱形の石を陽、すなわち男性器と見立てる。窪《くぼ》みのある立石や立木を陰、すなわち女性器と見立てる。自然《じねん》の見立てというものである。

やがて、それに何らかの加工を加えて、よりそれらしい形に整える。誰がみても陰と陽。遊戯ではない。信仰の対象として広がっていったのである。

もとは、あっけらかんと路傍にも立っていた。人びとも、立ち止まって、しげしげと眺めることはなかった。むろん、盗難の心配もなかっただろう。

そうした「生殖器崇拝」「性神信仰」の残存例が、案外に私たちの身近なところにもある。暗所にひっそりと、たたずんでいる場所《ところ》は、東京。私の仕事場からの散歩道にも、それがあるのだ。

誰が呼んだか陰陽のお客神

下町を代表する谷中（東京都台東区）界隈《かいわい》は、寺町でもある。およそ二キロ四方に七十数ヵ寺がある。

そのなかのひとつに、南泉寺《なんせんじ》（荒川区西日暮里）がある。臨済宗妙心寺《みょうしんじ》派の禅寺で、創建が元和《げんな》二（一六一六）年の古刹《こさつ》。ということは、開幕直後のことで、寺町のなかでももっとも古い寺となる。樹林もあって、落ち着いたたたずまいである。

その境内に入った右手が墓地で、その奥まったところに木造の小祠《しょうし》がある。扁額《へんがく》には、「おまねぎ　客人祭」と書かれている。客人は、客神。お招きした「お客神」、の意か。祭は、「祀」と直せば意味が通じやすいだろう。

格子戸が閉まっているが、格子の隙間から中が覗《のぞ》ける。

石塊が数個みえる。よくみると、意味がありそうな石塊が三体。正面の奥のひときわ高くて煤《すす》けた石は、仏像に見立てることができる。そこでは、観音菩薩《ぼさつ》の姿が自然に顕現したもの、と言い伝えている。

それをはさむかたちで、前方に数十センチの高さの石が二体。向かって左側のそれは太い円柱形、右側のそれはおむすび形の立石である。明らかに、男性と女性の性器を模したものだ。円柱の頭は丸められており、立石には窪みが彫られている。とくに、円柱のそれは、見事な彫刻物といってよい。

これは、何を意味するか。誰彼かが陰陽が和合するところでの「子孫繁栄」を願って祀《まつ》った、とみるのはたやすい。類似の石造物の残存例もある。全国的にみられるが、とくに信州・上州・甲州・相模《さがみ》あたりには、それが多い。

この南泉寺の「お客神」は、場所柄の特殊例でもあったらしい。吉原遊廓《よしわらゆうかく》が近く、遊女たちの信仰も集めていた、というのだ。そこでの祈願が、何を主願としたものであったか。南泉寺で祈禱《きとう》を受付けたり御札を出したりしていないので委細がたどれない。そして、遊女たちも個々の祈願をもって参っていた、というから、当事者にあたらないかぎり表だっての伝承がたどれない。が、たぶん感染防止や当病平癒が、とくに下の病気のそれが主願目だったのではあるまいか。あるいは、接客繁盛やそれをもっての年季の早期解除を祈願したのではあるまいか。まま、それは、場所柄の特殊例として、ここでは深く追究しないことにしよう。というか、後で再考することにしよう。

一般的には、陰陽の造形物を対象としての性神信仰の主願目は、夫婦和合・子孫繁栄、そして家運隆盛にあっただろう。表向きには、そうとして間違いはあるまい。少なくとも、近代から近世と、さかのぼってたどれるところではそうであっただろう。ただ、集団社会での定例行事とは違って、個人祈禱は多様化するものであり、時代により変化もする傾向にある。時代や場所を特定しないことには、定説を導き出すのがむつかしいこともわきまえておかなくてはなるまい。

さて、ここでは、「お客神」に、いまいちど注目しておきたい。

その呼称は、もともと南泉寺に祀られていたものでないことを表わしている。いずこから「おまねぎ」した「お客神」。「おまねぎ」は、持ちこまれた、としてもよかろう。

この種の性神信仰は、時代により変化する。とくに、近・現代においては、疎まれるこ

不忍池畔の髭地蔵　表は髭面の行者姿、裏にまわってみれば笠地蔵か。そうした判じ物は、鹿児島県下の田の神像などにもみられる

とになった。それは、迷信にすぎない、とされた。淫猥《いんわい》邪教、ともされた。とくに、都市部では早くからそうした風潮が生じた。

東京でも、この南泉寺の事例の他に、まだいくつかの陰陽の石造物の残存例がある。

たとえば、上野駅に近い永見寺《えいけんじ》（台東区寿《ことぶき》）の塀際の草むらに陽石と陰石とがある。これは、そういわれて見ないことには見落としてしまうだろう。それを、とくに祀った跡もみられない。

よく知られているのが、不忍池《しのばずのいけ》聖《しょう》天島《てんじま》（台東区上野公園）の髭《ひげ》地蔵である。役行者《えんのぎょうじゃ》の像とも猿田《さるた》彦《ひこ》の像ともいわれるが、その俗称（髭地蔵）が知られている。高さは、八〇センチほどで、正面から見れば頭巾《ずきん》をかぶった髭面の長老像である。一般には、そのままに見過ごされてしまうだろう。だが、その背面を確かめなくてはならない。見まがうまでもない男根形である。隣の弁天島（弁天堂）の北（後）側の延命地蔵の台座に舟形石があり、それを女陰石と見立てれば陰陽が対をなす、とみるむきもある。弁天島と聖天島の設置が寛永年間（一六二四〜四四年）であるが、それらについての記録は残っていない。秘めたる性神信仰もあった、とでもいっておこうか。

同じ性神信仰・生殖器崇拝であっても、時代差がある。地方差がある。とくに、幕府お膝元《ひざもと》の江戸、帝都たる東京では、その表現にしかるべき遠慮もせざるをえなかっただろう。ここでは、そうみておくことにする。

風紀取締まりの表裏

江戸時代の日本は、現代からは想像もしにくいほどに「性」に大らかな国であった。とくに、江戸では遊廓以外にも岡場所が散在し、茶屋にもけころ茶屋・蔭間《かげま》茶屋・出合《であい》茶屋などの呼称があるがごとくに「淫売《いんばい》の誘惑」に満ち満ちた都市《まち》であった。

刷り物でも、大胆な絵柄の春画が多く市販された。広義には浮世絵の一分野とされるが、江戸みやげとしては他の浮世絵以上に量産量販されたものである。現在報告されている浮世絵春画は、版本・組物合わせて一二〇〇点を超える、という（早川聞多『春画』）。そう

吉原遊廓　幕府の代替政策により、明暦年間（1655〜58年）、日本橋から浅草山谷地区に遊廓が移転、隔離。以来、遊里としてにぎわった。吉原の遊女は、初期には太夫・格子・端（はし）の三階級、のちに五階級から七階級、八階級になった。それも、吉原遊廓の盛況をものがたることである（アンベール筆、江戸東京博物館蔵）

した各作品には少なくとも一〇図以上が含まれているので、春画の総数は優に万を超えるであろう。それに未確認の個人所蔵や紛失画を加えるとどうなるか、だ。

そうした性風俗については、江戸幕府でも折々に風紀取締まりの「達《たつし》」や「触《ふれ》」を出している。たとえば、けころに代表される私娼《ししよう》と、それを抱える水茶屋、料理茶屋の営業を禁じた例がある（文政四＝一八二一年の町触）。

町々ニて娘または女を抱置《かかえおき》、料理茶屋其外茶見世等ニ客有之候節差遣《さしつかわす》、売女同前之稼為致《かせぎをいたす》 候由相聞、不届之至ニ付、若左様之者於有之は召捕《めしとらえ》、当人は不及申《もうすにおよばず》、町役

人共迄咎《きつと》申付（原文をそこなわないようルビを付けた。以下、同じ）

そうした文字上では厳しい「町触」が何度もだされているのである。

しかし、そうした享楽的な遊戯の類《たぐい》は、ひとたび流行の兆しをみせたのちは、行政的な取締まりによって壊滅することは稀《まれ》である。とくに、「達」や「触」は、刑法ではなかったところで、「女を抱置芸者為致候儀は勿論《もちろん》娘妹等にて候とも其家にて一人を限り可申」（嘉永《かえい》元＝一八四八年）という抜け道もでてくるのである。

時代が移りかわり、明治の開化期をむかえると、開国の世情が加わるのである。行政当局は、とくに西欧人の眼を過剰なまでに意識して風紀粛正策を実施するのである。

それは、明治五（一八七二）年のマリア・ルーズ号事件に端を発している。

マリア・ルーズ号事件とは、横浜に入港したペルー船マリア・ルーズ号から清《しん》国人某《なにがし》が逃亡、イギリスの軍艦アイアン・デューク号にかけこみ、清国人拘禁の訴えをしたことにはじまる。それがもとで、イギリス代理公使のワトソンが副島《そえじま》外務卿《きよう》にマリア・ルーズ号の船内立ち入り調査の要を説いた書簡を送るところとなり、神奈川県権令大江《おおえ》卓《たく》が事件審査を行なうことになった。その結果、マリア・ルーズ号の船客である清国人二三〇名の大半は、甘言や脅迫をもって拘禁され南米へ奴隷売買される者であることが判明。清国から特使陳福勲《ちんふつくん》が来日、彼らを引取ることになったのである。ちなみに、このとき審議、判決のよりどころとなったのは、各国領事の意見調整もあったが、最終的にはイギリスの公法であった。

以上は、『東京市史稿』（市街篇、第五三巻）に所収の「世外井上公伝」に基づいて概略を紹介したものであるが、ここではその余話が興味深い。事件の審議中に、マリア・ルーズ号の船長エリエロが、日本でも娼妓《しょうぎ》の売買を公認しているではないか、と抗議したのだ。そこで、多少の紆余《うよ》曲折はあったものの政府としたら即決に近いかたちで、事件発覚後五ヵ月で「娼妓解放令」（明治五年一〇月二日、太政官達）を発布することになったのである。

それは、四項目からなるが、うち花街や遊廓に関係する要項は、以下のとおりである。

一、人身ヲ売買致シ、終身又ハ年期ヲ限リ其主人ノ存意ニ任セ、虐使《こくし》致シ候ハ、人倫ニ背キ有マシキ事ニ付、古来制禁ノ処、従来年期奉公等種々ノ名目ヲ以テ奉公住為致《いたすも》、其実売買同様ノ所業ニ至リ、以ノ外ノ事ニ付、自今可為厳禁事《げんきんとなすべきこと》

これを、東京の場合だと、東京府知事が各所へ厳重に通達することになった。その対象箇所とは、吉原、品川、新宿、板橋、千住、根津の前代から続く遊廓であった。

ところが、これは、花街や遊廓の営業そのものを禁じたものではない。つまり、売買春

行為を禁じたものではない。あくまでも、人身売買を禁じたものなのである。

そして、この条文でもいうように、人身売買は、それまでも公認されていたわけではない。が、芸妓《げいぎ》や遊女の就業慣行として長く黙認されてきたのである。それを、あらためて成文化して是正しようとしたにすぎないのだ。

すぐさま、「貸座敷渡世規則」「娼妓規則」「芸妓規則」も発布された。

そこでは、たとえば、「娼妓渡世本人真意ヨリ出願之者ハ情実取糺《ただ》シ候上差許シ鑑札可相渡《あいわたすべし》」（娼妓規則の第一条）として、本人の真意からの出願があって鑑札を受けた者は、営業が可能、とあるのだ。そして、貸座敷の業者は単に部屋を時間貸ししているにすぎない（管理売春ではない）、と相なるのである。

それを、とやかく批判してもせんないこと。この種の「規則」にも、「達」や「触」と同様に表裏がある。開国を急いだ明治初年という時代、とくに性急に走った表裏としておこうか。

なお、ここに、「毎月両度ツヽ医員之検査ヲ受ケ、其差図ニ従フヘシ」（同、第六条）ともある。いわゆる性病検査であるが、これも来日した欧米人からの指摘や指導もあっての新たな規則であった。そして、それは「性神信仰」とも大いに関係してくる、ということをここではとくに留意しておきたい。

そして、明治五（一八七二）年には太政官令による金精明神《こんせいみょうじん》（性神の代表）取捨ての通達もあった。先にも取りあげたところだが、遊女屋などに祀《まつ》るところの金精儀は「自今早く取棄《とりす》て踏み潰《つぶ》すべし」、とある。遊女屋の営業に及ぶものではないが、目に見える性風俗の象徴を早々に排除せよ、と読みとることができる。それによって、東京や大阪、京都、さらに東海道筋や日光街道から陰陽を象《かたど》った性神信仰の対象物が姿を消すことにもなった。

しかし、そうした風紀取締まりの通達は、地方の農村部にまでは波及しなかった。「タテマエとホンネ」という言葉があるように、また、それが是認もされたように、日本でのこの種の布達には厳しい罰則はなかった。ザル法ともいわれるゆえんだが、私は、上・下双方に暗黙の信頼関係があってのこと、とみる。とくに、長いもの（タテマエ）には巻かれたはずの庶民の側のしたたかな賢さを称《たた》えたいところだ。

そこでは、「五穀豊穣《ほうじょう》」と「子孫繁栄」を対にして固め、そうした性神信仰を正当化もできた。種（男性器）と畑（女性器）がなくてはその実りはない、としながら両者を一対で正当化することで対応がしやすかったのだ。しかし、都市部では、そうした民間伝承の持続には限界があった。この一件にかぎらず、概して都市部の近代化は早く進む傾向にもある。とくに、明治初年の皇都東京においては、風紀取締まりにいちはやく取組まなくてはならなかった。為政者たちは外国人に風俗の後進性をみせることを恥辱ともしたのだろう。開国を円滑に進めるには、明治五（一八七二）年の東京府達「違式詿違《かいい》条例」では、路上に唾《つば》を吐くことや立小便を禁じることまでもとりあげているのだ。そのなかで、陰陽を象った造形物とそこでの信仰が一部廃れることにもなったのである。

挿話が長くなった。話を東京は荒川区南泉寺の「お客神」に戻す。

下町の誰彼かが、それまで祀ってきた陰陽石の廃棄を惜しんだ、としよう。そして、南泉寺に持ち込んだ。そのところでの下町っ子の心情は、地方の農民たちのそれと変わるものではない。そうした筋書を想定することが許されようか。その結果、こうしたかたちをとどめたのは幸いなこととしなくてはならないだろう。

陰陽物の泣き笑い

現在の私たちにとって、性神信仰のあれこれは、遠い昔ばなしに等しかろう。たとえば、路傍にそれがたたずんでいようとも、足を止めてのぞきこむ人も少ないであろう。陰陽石、あるいは木彫物は、忘れ去られていくのであろう。

私は、それを惜しんで、少しでも多くの残存例を確かめようとした。そこで、さらに深刻な、陰陽石と性神信仰の終焉《しゅうえん》を目の当たりにすることになった。

神奈川県北西部、相模原《さがみはら》市と清川村の例である。

相模原市は、現在でこそ東京（八王子市）に連なる衛星都市として工場や住宅が建ち並んでいるが、経済の高度成長期以前、第二次世界大戦後までは農業が盛んであった。稲作よりも畑作が盛んで、たばこ栽培の他に麦や落花生、里芋などが栽培されていた。また、清川村にかけての山地では林業や養蚕も盛んであった。もちろん、小規模な市街地はあった。その代表的な町並は、甲州街道（旧道）に沿って発達したものであった。

甲州街道と呼ばれる道路は、東京都・神奈川県・山梨県・長野県に存在する。五街道に数えられる主流道路は、江戸日本橋を起点に内藤新宿・下《しも》、上《かみ》の高井戸・府中・八王子を通り小仏《こぼとけ》峠から甲州・信州に通じる。近代には、それに沿うかたちで国鉄中央本線が通じた。そして、現代には中央自動車道が通じた。この旧甲州街道に沿うかたちで、陰陽石が多く分布していたのである。そのあたりでは、それを道祖神として祀っていた。

現在は、相模原市となっているが、旧津久井郡。そこには、まだ残存例がある。

たとえば、橋沢《はしざわ》という集落である。その背の山腹に、道祖神の石碑がある。その前に陽石と陰石が祀ってあった。前の東京オリンピック（昭和三九＝一九六四年）のころまでは祀ってあった。現在《いま》は、ない。

陽石は、直径が三八・五センチ、高さが二四・五センチほどの石柱形。先端部がそれらしく写実的に彫られている。陰石は、長さ二四センチほどで、まだ自然石のかたちにみえる。しかし、その中央部には割れ目（一九センチ）があり、その内側は、明らかに写実的な彫刻となっている。

その陰陽の石造物が盗難にあった。幸いなことに、一度は取り戻すことができた。しかし、時折に怪しげなできごとがあり、盗難の心配が絶えることがなかった。そこで、陰陽二基を箱に入れて頭屋（当屋）の家にしまって管理することにしたのである。

現在は、年に一度だけ、小正月のトンド（正月の飾り物の焚《た》き上げ）の時に取り出し、焚き上げの火の前に祀る、という。

道祖神と呼ばれるその陰石陽石の前でトンドが焚き上げられる、そうした小正月行事も神奈川県から山梨県、長野県にかけて共通の分布をみた。

そこには、子どもたちも集まってきた。小正月のときだけでなく、ふだんでも、そこは子どもたちの遊び場であった。石に絵具を塗って顔をつくる遊びもあった、という。それをとがめる人もいなかった。陰陽の石造物は、子どもたちにもなじんでいたのである。

清川村別所の八幡神社下、鳥居脇にはさまざまな石造物がある。いずれも小ぶりなもので、彫りが浅い。うち双体道祖神が六基ある。風雨に晒《さら》されて、顔の表情がさらに読みとりにくくなっているものもある。単体の道祖神も二基ある。年号を確かめることがむつかしいが、江戸中・後期につくられたものであろう。清川村には、この種の道祖神像が多く残存しており、そこでは「文化」とか「嘉永」などの年号が確かめられるのである。

特筆すべきは、きわめて写実的な一基の陽石柱である。高さが約四〇センチ、台座は、頑丈に固定されている。一群の石造物の右前列に鎮座ましましているのだ。見落とすことはない。

ただ、その隣にあるべきものがない。昭和六〇年ごろの写真には、その左側に陰石が置

八幡神社下の陽石と道祖神　以前はこの倍もの石造物があった、という。とくに、陰石と整った道祖神がなくなった（神奈川県清川村）

集められた石造物　集落内にあった石造物を山中の一角に集めたものの、ここでも陰陽石の紛失が相次いだ（神奈川県清川村）

かれていたのに、現在はないのだ。盗難にあったに相違ない。が、こうした人家が少なく、鬱蒼《うっそう》と繁った鎮守の森に包まれた場所では、そうした犯罪を探知するすべもなかったのであろう。

ここだけではない。煤ヶ谷《すすがや》の山中にある石造物群のなかからも、陽石柱は残るものの陰石が欠落しているのである。

なぜ、陰石が盗まれるのか。と、問うてもせんないこと。誰もが自動車で簡単に往き来ができるようになってからの負の一面である。文明の発達が文化を破壊する、とは戦禍だけではない。こんなところにまで、と憤りを覚えずにはおれない。

明らかに目にみえる防衛策を講じた例もある。

相模原市の田名。蚕影山《こかげざん》神社の社《やしろ》があり、その脇に不動尊や五輪石など数基の石造物が寄せられて一段をなしている。その中央部に、高さが一メートルもあろうか（正確には九七センチ）と思える巨大な陽石が鎮座ましましているのである。

ただし、それは頑丈な鉄格子で囲まれている。異様とも思える光景である。

格子ごしに刻字が読める。

「道祖神旧在此去離位十間許」にはじまる漢文を要約すると、十間ばかり離れた場所にあったものを明治二七（一八九四）年に県道修築にあたって鎮守神社に移動させた、とある。そして、この場所は大山《おおやま》に面し相模川を帯し、雪月花の四季の眺めがよいから、さぞ

囲われた陽石　各地で盗難対策がとられているが、これほどに明るい光景は珍しい（神奈川県相模原市）

や神意にも叶うであろう、とあるのだ。

その末尾に「明治二十七年神嘗祭后三日　耕余義塾長正七位松岡利紀撰　藍江藤献書」とある。

現在地に移されたのは、昭和四六（一九七一）年のことであった。それを記念するかたちで石板状の「道祖神由来記」が建てられた。甲州街道沿いの道祖神（陰陽石）信仰を昭和の後年に整えて物語る逸文として、以下全文を紹介しておこう。


道祖神は塞の神性の神とも言い、家族の安全・縁結び・妊娠・出産育児・無病息災から増産までつかさどる神で、たんに邪悪妖魔を防ぐだけでなく、里人の生活を善導し幸福を招く導きの神としても尊崇され、道路の岐路に建てられていた。本講中の道祖神の双神像（市教委に文化財として保管中）と陽石は、近郷稀れにみる逸品で、もと城坂上にあったが、道路改修の都度移転された。今回県道田名バイパス建設にあたり、この地に移転したので記念のためしるす。昭和四十六年一月十四日、堀之内・中村講中

ここに中村講中とあるのは、田名堀之内の地区でこの陽石を祀る講が組織されていたのだ。それもあって、管理が行き届いているのである。

長老格の男性は、これだけ明るいところに置いておけば誰も妙な気は起こさんだろう、といって笑った。そこは、住宅地のなかにあるのだ。

秋の夕暮れの紅色の陽ざしが、神社と石造物群にあたっていた。

男石神社の陰陽物と絵馬

全国的な残存例を陰陽物の立場ではかってみると、三通りの運命があるように思える。ひとつは、無残なまでに放置されている例である。これが、いちばん多いだろう。

次は、地域の人たちがそれなりの意識を共有して管理をしている例である。格子の内に安置している例も、そうである。これは、けっして多くはないし、あわせて信仰行事（まつり）をしている例となると、さらにかぎられてくる。

男石神社と奉納物　人知れずたたずむ男石神社。その内部は、雑然としているが、資料価値の高いものは市の有形文化財として上田市立博物館に保存されている

そして、もうひとつの例は、商魂たくましいまでの利用である。現在では、ほとんどが閉鎖されたが、一時は各地で「秘宝館」の類の展示施設がつくられていた。昭和の四〇年代、五〇年代のころ。温泉地などでその林立をみていた。もちろん、それらの展示物は、誰彼かによる収集物である。資料的な価値を理解しての展示もあった。が、多くは形態のおもしろさを強調しての展示であった。写真や図版、陽因・陰因のミニチュア（模造）が売られていたところもある。問題は、それらのコレクションがその後どのような管理下にあるか、だ。私が問い合わせたかぎり、所在不明になっているところがほとんどである。関係者が忌み嫌って廃棄した事例もあった。所詮《しょせん》は経済バブル期のあだ花か。陰陽物の立場でみると、不幸な歴史であった。

そんな時流のなかで、私がもっとも注目したのは、長野県上田市の「男石《おとこいし》神社」の残存例である。真言《しんごん》宗瀧水寺《りゅうすいじ》の脇を登った森のなかにひっそりとたたずんでいる。無社格の神社であるが、四月一七日を例祭日としてきた。そこでは「陽石神社」という幟《のぼり》が立てられる。

伝説がいくつかある。そのひとつが、木島五郎右衛門という長者が山仕事をしていたときに八つ当たりで男石を倒し頭部を欠いたところ、その男石から三日三晩赤い血が流れ、以来木島一族に不吉が続いた。そこで男石を手厚く祀った、という話。そこで長者は、堂宇を建て、男石を安置して朝夕拝んだ、という。

また、男石が女性に祟《たた》るというので、庄屋の金子市郎右衛門がそれを祀った、という伝説もある。男石の祟りを恐れて、嫁入り行列などはその前を通るのを避けた、とも言伝わる。

たしかなところは、その近くに遊廓があったからであろう。上田藩では遊廓を規制していたので、それより辺地にある天領（幕府直轄地）での営業がなされた史実があるのだ。そこが栄えるとともに、性病も流行《はや》って広がった。そこで、遊廓の守護神として男石神社の社が建てられたらしい、という（上田市立博物館編『郷土の民俗　まつり』）。

その男石神社の格子扉は、固く閉ざされている。格子の隙間からのぞくと、大小の男根や絵馬が混然と置かれている。とくに、絵馬が注目に値する。隆々たる男根を描いた絵馬がある。反りかえった男根の彫刻物を貼付けた絵馬がある。奉納者の、おかしいまでの願望がうかがえようか。そして、女性が巨大な男根（彫刻物）を抱いた絵柄の絵馬がある。

これは、もっとも新しく、「奉納　かなまら講一同」という表記も確認できる。ちなみに、かなまら講とは神奈川県川崎市の金山《かなやま》神社と関係が深い。「昭和六十一年十月十九日」ともあるから、そのころまでは他地方からの参拝もあったのだ。

また、その社の脇に小さな社殿がもうひとつあり、そのなかには女陰石が、これは整然と置かれている。ここには、どのような祈願が託されていたのだろうか。

なお、男石神社の陰陽物については、ネット上に掲載の情報からも確かめられよう。しかし、そこに残存するのは、ほんの一部。第二次世界大戦中に、その種のいかがわしきものは処分すべし、というその筋の命令で多くが焼却されたのだ、という。それほどに知られていた、とみるべきだろうが、もったいないことであった。

そこには、看板もない。ものいわず、ひっそりとたたずむ男石神社の屋根に木漏れ日があたっていた。

郷里でみる性神信仰

各地に性神信仰が流布していた。生殖器崇拝（ファリシズム）が流布していた。その対象物、陰陽の石造物が分布していた。東京をはじめとしての大都市をのぞくと、それが濃厚な分布をみせるところも少なくなかった。かつてのその実情を確かめるのはむつかしくなっているが、その残存例が確かめられるところも少なくないのである。

私の郷里の岡山県、その県下もそうしたところである。

あらためて、その残存例が確認できることに驚いた。いや、確認できなかったものの文献に伝わる事例を含めて、その分布の濃さに驚いた。おそらく西日本では稀有《けう》な分布と伝承ではなかろうか。

とくに、岡山県では、性神信仰の衰退を恐れてその記録に取組んだ先人がいた。郷土学者、民俗学者がいた。いまにしてみると、貴重な業績を残してくれた。

まず、昭和七（一九三二）年の桂又三郎《かつらまたさぶろう》・江野村茂里一《えのむらもりいち》による『岡山県特殊信仰誌』がある。また、昭和三九（一九六四）年の岡山民俗学会による『岡山県性信仰集成』がある。とくに、前者の『岡山県特殊信仰誌』は、昭和早々に危機感をもって、その事例を網羅しておこうとする試みである。全国的にみても、先駆的な試みといえるだろう。四六判七九ページの小型出版。論考に先走ることなく、事例紹介を優先したところが信憑《しんぴょう》性を高めている。

ここでも『岡山県特殊信仰誌』を重用する。

なお、またも私的なことになるが、筆者は高校時代に桂又三郎氏の人柄や業績について聞き及んだことがある。桂氏の調査をも手伝った岡長平《おかちょうへい》氏（教師）からである。しかし、そのころはさほどに関心もなく、聞き流していた。いまにして思うと、これも、もったいないことであった。

その「はしがき」にいう。

岡山県に於ける性的崇拝は大体之を三つに分類することが出来る。一は生殖の信仰であり、一は性病祈願の信仰であり、一は呪禁の一種性に関するものである。即ち生殖信仰は神の力によって子供を得ようとする信仰、神の力によって農作物の豊饒を得ようとする性的行事等である。又性病祈願の信仰は其信仰の対照物によって大体之を三つの系統に分ることが出来る。一は金精神、金磨神の信仰であり、一は陰陽石其他建石の信仰であり、一は瘡神の信仰である。又性に関する呪禁は生殖器の持つ特異なる力によって目的を得ようとする俗信の一種である。

以上の様な性的崇拝の思想が何時、何処から我が郷土へ流れて来たか、此の問題は単に性崇拝の思想のみに限らず文化移動の重要問題であって、之が記述は簡単に許さるべきものでない。故に之等の研究は後日に譲り、本書に於ては現在我が郷土に於ける性崇拝の現象を記録するに止めたい。（旧字は新字に改めた。以下、同じ）

昭和七年のこと。その見識の高さには驚かざるをえない。これほど端的に要点を指摘した文章例は、以後にもみられないのである。

なかでも、「性病祈願」と「金精神」は、もっとも重要な項目である。これも、さように端的に指摘した文献例は前後にほとんどない。その重大事については、別項目を設けてあらためて考察することにするが、遊廓が存在するかぎり性病を排除することはむつかしかったのである。

ここでは、コンセイサマ（金精様＝カナマラ・コンショなどとも）と陰陽石と瘡神《かさがみ》とに分類しての事例が紹介されている。コンセイサマが一六例、陰陽石が六例、瘡神が一〇例。その所在地での呼称にしたがっての分類であるので、信仰内容がさほどに違うわけではない。

が、このなかでは、とくにコンセイサマの系統が性病（平癒）祈願の対象になっていた、とする（分類の項目が「性病祈願の信仰―コンセイサマ［金精様］の系統」とある）。その信仰の実際を明記したもののなか、三例を以下にとりあげておく。

「カナマラサマ　児島郡郷内村字林、熊野神社左側池に沿うた山麓松林中にある。叢祠の庇に嘗つて第一図の如き木刻の男根があつた。御神体は自然石で金精大明神と刻んでいる。性病に効果多しと称して参拝するものあり。尚御利益を受けたるものは瓦製木製等の男根を奉納す」

「カナマロサマ　児島郡灘崎村大字彦崎小字中村の大日庵という真言宗の小寺の西崖下にある、叢祠の中には三尺近くもある松丸太製の大なる男根があり、しかもベニガラで彩色が施されている。其他木製の小さな男根は数多く奉納されている」

「コンショサマ　阿哲郡新見町、八幡社の境内にある。此の金精大明神は古くより有名な性的神で、都窪郡酒津のカナマルサンと相対するものであろう。

叢祠の中には金属製、石製、瓦製、木製の男根女陰が、うづ高く盛り上げられている。又嘗つて自然木で縁をとつた見事な額が奉納されていた。

尚嘗つて同社では［金精大明神守護］と記した『お札』及び関連の『お守』と称して中に第四図の如き男根の判を押したものを出していた」

岡山県下にみられる金精神　「金成大明神」の幟が立つ。金成は、金精であろう（鏡野町）

なお、これより三二年後の昭和三九（一九六四）年にこれを基にして岡山民俗学会であらためて調査、追加した事例が一八基ある（『岡山県性信仰集成』）。このなかにもコンセイサマ系（コンショサマ・カナマラサマ）の男根形の対象物があるが、これは三基にすぎない。あとは、すでに呼称が確かめられなかったのか、漢字表記の一般名称（陰陽石・明神の類）である。

性殖器崇拝の痕跡

それでは、こうした事例が現在はどういう状態におかれているか。ここでも桂又三郎氏に敬意を表して、『岡山県特殊信仰誌』にあるコンセイサマ（金精様）一六基を追跡してみよう。

友人の田頭博行《たがしらひろゆき》氏（元県庁職員）がそれを手伝ってくれた。まずはひとりで、ほぼ全部を廻《まわ》ってくれたのである。

その田頭氏の報告によると、現在も確認できるのが一二基であった。予想以上の残存数である。さらに、別の二基も捜索してきてくれた。

そのうち、前掲の児島《こじま》郡郷内村字林《はやし》（現、倉敷市）のカナマラサマである。熊野神社から通じる福岡神社（末社）の表柱（庇下《ひさしした》）の細木が男根を象ったことで有名であった。西岡秀雄『図説　性の神々』をはじめとする多くの出版物にもその写真が載る。それが、昭和三〇年代の本殿改修のあとは無くなった、とされる。が、そうではない。旧前を知らなければ無くなったですまされるが、よくよくみると、その最上部に加減はしてあるもののその形状の痕跡《こんせき》がみられるのである。当時の総代や大工の証言は得られないが、判じ物のごとく残したのであろう。そこがおもしろいところである。

なお、御神体の自然石は本殿に納められていて、一般に見ることはかなわない。児島郡灘崎《なださき》町彦崎《ひこさき》（現、岡山市南区）の天神社鳥居脇小祠には男根形の木彫物、カナマロサマが納められている。また、児島市小川《おがわ》（現、倉敷市児島小川）の八幡宮の裏参道脇の小祠には石彫物と木彫物、カナマロサマが納められている。

私がとくに注目するのは、浅口《あさくち》郡大島《おおしま》村鳥ノ江（現、笠岡《かさおか》市西大島《にしおおしま》）のカナマルサマである。これは、現在では竹林となっている集落はずれの森のなかに単独で在する小祠である。

その脇に「かなまら神社の由来」という説明看板がある。草むらに放置されたかたちで

カナマルサマと奉納物　一説には、子宝に恵まれない女性がそれを持ち帰り、抱いて寝ると子宝を授かるとか。その種の言い伝えは各地にある（笠岡市西大島）

汚れており、文字も拾いにくいところがある。昭和六二（一九八七）年の製作で「鳥江・夏目老人会」とある（現在、その老人会は存在しない）。その当時、伝承も曖昧《あいまい》になっていくことをしのんで製作したのであろう。

伝説によると、明治初期当地の〈高田清十郎〉が鳥取県根雨《ねう》から分神を戴き、現在地に祠を建ててお祭りしたのが始まりです。この道ばかりは何とやらで、遊んではその印として、下の病をもらっていたようで、一度この病に罹ると、今日のように良薬もなく、ただ成り行きに任せるしかなかった時代で、男性は下の病などさ程にまで気にしていなかったようですが、女性は、病に罹ると羞恥心で一人悩んで、ただ神仏に縋るしかないと考え当神社に多数お参りがあったようです。その証拠として、ごく最近まで御礼参りに供えた年代付の男性の陽物、女性の陰物のノボリ、大願成就の布が数多くお供えしてあり、当時は女性のお参りが大勢あったことが伺われます。以前は御礼のために奉納した陽物が沢山ありましたが、今はその数も少なくなりました。（中略）子宝に恵まれるとの事とて形のよいものから次々に持ち帰られ、そのままになったのか、収集家等が参拝記念として持ち帰ったのか（後略）

要領よくまとめられている、といえよう。ここにも「下の病」の平癒祈願がでてくる。

子孫繁栄より先行した重要な祈願だったことがうかがえるのである。

その前に素焼きの男根像が十数基置いてある。残り少なくなった、というかつての奉納物。それが頑丈な金網で覆ってある。盗難除《よ》けであることは、いうをまたない。

ここで、また注目せざるをえないのは、そうした大小の奉納物である。これは、他県《よそ》でもしばしば語り継がれている逸話であるが、そこでの祈願者が奉納したものに相違ない。なかでも、祈願が叶《かな》ったときに奉納するという話が多く伝わっている。

そうした男根形の奉納物は、石彫りであれ木彫りであれ、また旧大島村の事例のように素焼土器であれ、専門職人の手によるものが多い。ちなみに、右の素焼土器は、旧浅口郡《あさくち》里庄《さとしよう》里見村（現、里庄町里見）で作った大原焼のそれに相違あるまい。

大原焼は、瓦宝殿（主として山野での神を祀る小型の祠）や焙烙《ほうろく》・土瓶《どびん》・瓦笥《かわらけ》などを焼いていた。私が訪れた昭和四八（一九七三）年、四九年には、窯元は一軒だけ。そのとき、「こんなものも焼いていた」といって納屋の覆いをめくって見せてもらったなかに、たしかにそれがあった。しかし、それは直ぐに隠されてしまった。

そのときは戦時中（第二次世界大戦中）の鉄不足への対応として羽釜《はがま》（飯炊き釜）を焼いた、という話を熱心に聞いたことだった。しかし、その羽釜をほとんどさばく間もなく終戦になった、という。もし戦争が長びいていたならば、そうした素焼土器の羽釜を使っていたのか、と驚いたことであった。

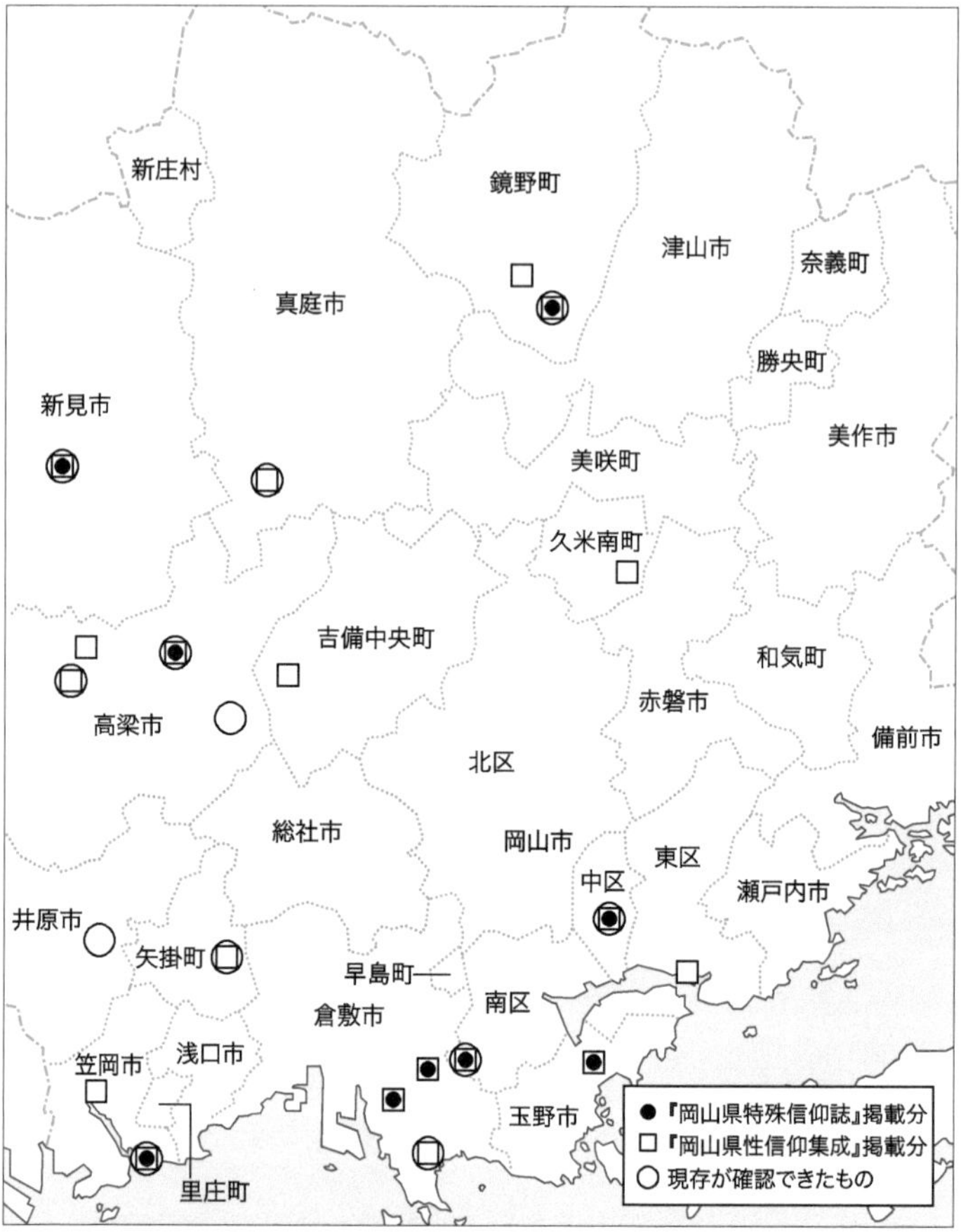

岡山県下における金精神の分布　（原図作成＝田頭博行）

石造のコンショサマ　産土荒神の社の脇のクスノキの洞に祀られている（高梁市高倉町）

木彫のカナマロサマ　天神社の鳥居前の小祠に祀られている（岡山市南区彦崎）

それにしても、奉納の陽物がかように商品化もされていたのだ。それは、そうした需要がそれなりにあってのことだった。東日本の各地では木造のそれも奉納されていたから、全国でみると相当数になる。あらためて注目しておかなくてはならないだろう。

田頭氏と会話している席に、岡隆平氏（自営業）が同席していた。私とは親子ほど、田頭氏とは兄弟ほどの年齢差があるが、私にとっては信頼できる友人である。

その岡君が、それなら僕も知っているところがありますよ、といってスマートフォンを取りだした。その画面では、木造の男根が無造作に置いてある。また、一本造りの大きな男根が置いてある画面もあった。高梁《たかはし》市成羽《なりわ》町吹屋《ふきや》の金精《こんしょう》神社での撮影である。

それは、前掲の二文献には掲載されていなかった。別な文献（一九六二年刊の西岡秀雄『日本性神史』）には「立石様」として紹介されているが、長く無名な神社であった。それが、近年、広く知られることになった。

吹屋といえば、かつて（江戸時代）ベンガラ（酸化鉄粉の顔料）の産地として西日本ではよく知られていた。京都の町屋の格子も吹屋のベンガラがなくてはかなわないことであった。現在は、そのベンガラ遺産ともいうべきベンガラ塗り格子の町並や広兼邸《ひろかねてい》（通称、ベンガラ御殿）、笹畝《ささうね》坑道などを巡る観光地として知名度を高めている。そこに、金精神社も周辺資源として加えられているのだ。インターネット情報でも、それは過剰とも思えるほどに喧伝《けんでん》されることにもなったのである。

なお、派手な看板に書いてある金精神社の御利益は、夜尿症・婦人病・精力減退・縁結び・子宝などである。そこでは、性病平癒の文字が消えている。致し方ないことではあるが、ここではもう、性神コンショウサマの成立とかつては主願目であった性病平癒がかえりみられることがないまま忘れ去られるのであろうか。それは、ひとりこのところの金精神社にかぎらない。ほとんど全国的に、性病平癒の願目が曖昧になって久しいのだ。

昭和三九(一九六四)年に岡山民俗学会によって編じられた『岡山県性信仰集成』の序言でもいう。

これが明治政府の強力な弾圧と洋学(科学)の普及と相伴って次第に性神風景も消失しようとしている。加うるに第二次世界大戦の戦禍によって、旧い事物が急速に姿を消し

金精神社への奉納物　木彫りの男根模型であるが、願目には「家内安全」「諸願成就」「心願成就」などの文字がみえる(高梁市吹屋)

つつある。今にしてこれを記録して置かねば五十年の後、いや十年の後には虚無に帰するものが大部分であろうと思考する。

（岡山民俗学会理事　性信仰集成編集委員長　原三正）

まさに、その危惧《きぐ》のとおりになっているのだ。しかし、史実は史実である。先人たちの見識と努力も無に帰させたくない。いまいちど、そのことを確認しておきたい、と思う。岡山県下においてのコンセイサマ（金精様）は、性病平癒の信仰として生まれ、近世・近代を通じて維持された。ほぼそう断じてよろしいのである。

巨大な木彫りの男根像

私の生家（岡山県井原《いばら》市美星《びせい》町）の至近のところにも、摩訶《まか》不思議な場所がある。そこは、集落からは離れた山中にあって、「浪形《なみがた》コミュニティー広場」とある。井原市教育委員会と頂見老人会《いたみ》、それぞれに浪形地形を説明する看板が立っている。色あせた看板である。

この地域は、浪形と称し海抜二二〇メートルに分布する新生代第三紀・中新世（約二〇〇〇万年前）の海成層で礫石・粗粒砂岩・泥岩に混じって含化石砂礫岩（化石床…厚さ五メートル～二〇メートル）が存在し、東西約三キロに及んでいる。

当時は浅海域で砂・泥の堆積時期に貝類やサメの死骸が密集して堆積した石灰岩で浪形石と呼ばれている。

また、西方一キロの所にある千手院裏庭の化石床露出部分は県の天然記念物となっている。

（頂見老人会の看板、縦書に改めた）


井原市教育委員会の看板もほぼ同様の内容であるが、そこでは「ここからナウマン象の臼歯が発見され、数十万年前までに平地となっていたことがわかります」、と結んである。二、三〇年前までは、公園（広場）として整備もされていたのであろう。展望台があり、桜が植樹されている。「橋本龍太郎記念樹」という石碑も立っている。

現在《いま》は、荒れるにまかせてある。夏場は雑草が生い茂っていて、かき分けないと奥には進めない。テッポウ草（植物名、スズメノテッポウ）の三角形の実がズボンに付着、それが剝《は》がれないので異様な下半身姿になることを覚悟しなくてはならない。

奥まったところの岩壁面に洞窟《どうくつ》がある。石灰岩特有の白濁色の奥深い、複雑に波うったかたちの壁面。その正面に、木彫観音立像が祀ってある。いつごろつくったものだろうか。そこまで入るのには、あまりにも足場が悪い。しかし、えもいわれぬ神秘的な空間である。

その左手に、もうひとつの浅い洞窟がある。

その入り口に、木製の大きな男根像が立つ。大人の背丈大、にょっきりと立つ。異様な風景である。

風雨に晒《さら》されながらも、朽ちた感がしないのは、その材がコエマツ（油脂ののった松材）だからであろう。地元の老人も、いつ誰がつくったかはよくわからない、という。しかし、明治以前にまでさかのぼれるかどうかは、疑問である。

その記録も、明らかなものは存在しない。先に紹介した『岡山県特殊信仰誌』にも『岡山県性信仰集成』にも、その記載はないのだ。しかし、人知れずにというには、あまりにも大きすぎる。目立ちすぎる。

その呼称も明らかでない。地元の人たちは、それをも含めて「観音さん」と呼ぶ。地元の人の信仰対象ではあるまい。これも、よくは確かめられないところだが、南部の港町、笠岡からの参拝者があった、という。

井原と笠岡の間では、古くから往来が盛んだった。とくに、井原の町は、周辺の農山村からの物資の集散地であり、一方で海産物の仲買中継地であった。往時は、にぎわっていた。笠岡との間で、下りは木材や木炭が、上りは塩や魚介類が人と共に往き来していたのである。大正二（一九一三）年には軽便鉄道（井笠《いかさ》鉄道、昭和四六＝一九七一年に廃止）が通じ、それによって井原での繊維産業が活況を呈することになった。

距離にして、二〇キロ足らず。それ以上に、井原と笠岡は近い関係にあった。井原の町

木彫りの陽物　隣に奥深い鍾乳洞があり観音像が祀ってあるので、この一帯の通称は「観音さん」。この木彫り像にも呼称がない。参拝者が途絶えてからは公園化もされたが、現在は荒れ果てている（岡山県井原市野上町）

からこの頂見までは、一里（四キロ）足らず。笠岡からでは少々不便でもあっただろうが、歩いても一日で往復できることであった。

港町笠岡は、山陽道の宿場（中宿）でもあった。そこには、遊廓があった。昭和三二（一九五七）年の売春防止法施行まで、その遊里は井原界隈や笠岡諸島からの客でにぎわっていた。その情景を覚えている人は、まだ多い。

ならば、と連想することも許されようか。そこで性病を恐れながら働く娼妓たちや罹病《りびょう》した客たちが予防と平癒の祈願を頂見の山中にある巨大な木造男根像に託していたのではあるまいか。そうに違いあるまい。前出の笠岡市西大島のカナマラサマと同様に女性たちが人知れず秘《ひそ》かに参るには、こうした場所がふさわしかったのではあるまいか。

その男根像の脇には、木彫りの男根像が散在している。大小さまざま、職人の手を経たとおぼしき形もあれば素人細工に相違あるまいと思える形もある。それは、祈願が成ったときに供えたものだろうか。他地方の残存例からも、そう思える。

私は、しばらくの間、そうした連想をたくましくしながら立っていた。運転手役で同行してくれたのは、中学校の同級生であるT女史とM女史。ふと気づいて後ろを見ると、いつの間にか二人ともいなくなっていた。

第三章　金精神と歓喜天

陰陽の造形物の呼称や祀り方は、時代により地方により、じつに多種雑多である。郷里（岡山県）に分布をみる陰陽物の多くは、「金精神」とされた。俗には、「コンセイサマ」（金精様）と呼んだ。それは、全国的にみて、どれほどの普遍性があるのか。それを考察しなくてはなるまい。

さいわいなことに、他の事例を掲げた専門書は少なくない。古く代表的なのは、昭和初年の謎の民俗学者といわれた出口米吉《でぐちよねきち》（一八七一〜一九三七年）による一連の著作がある（『原始母神論』、『日本性崇拝資料一覧』〈正・続〉など）。その後の戦時中は、その種の研究書や出版が途絶えるが、戦後になると、文化地理学者の西岡秀雄（一九一三〜二〇一一年）による著作（『日本における性神の史的研究——考古学・民俗学的考察』、『日本性神史』など）がある。また、地方にあってのフィールドワークに専念して資料収集も徹底した伊藤《いとう》堅吉《けんきち》（一九〇八〜八七年）による一連の著作もある（『石神の性典』、『道祖性神』など）。私には、とくにこの三人の先人たちの業績が質量ともに輝かしい、と思える。とくに、地方ごとに民間伝承がまだ濃密に伝わってもいた日本経済の高度成長以前の調査資料が貴重で、私などのフィールドワークがとても及ばないところである。

そのなかで、ここでは西岡秀雄『図説　性の神々』（『日本性神史』の改訂版）を参考とする。

私的な回想となるが、西岡秀雄氏の晩年には、親しくお話をうかがう機会があった。氏が慶應義塾大学を退かれて大田区立郷土博物館長に就かれてからのことである。そのころは、『トイレットペーパーの文化誌』を上梓《じょうし》されており、「トイレ博士」として有名であった。自らも、人糞《じんぷん》地理学者などと名乗られていた。洒脱《しゃだつ》な人柄と話術で私などのような若僧にも親しく対応された。しかし、私は、いま後悔している。トイレ学の話はよく聞いたものの、性神についてはは聞き漏らしていたのである。そこで、あらためて氏の著作を読みこむことになった。

近代初頭における陰陽物の分布

西岡氏は、『図説　性の神々』で、「江戸時代以降までは存続していた性の神々」の項を設けている。そこでは、滝浦文弥・出口米吉・斎藤昌三ら郷土史家といわれた先人たちの報告例を資料として県別に整理している。すべてにわたってその存続時代が明らかでないが、近世末から近代初に確かめられた資料に基づく、としてよいだろう。

もちろん、それですべてを網羅しているわけではない。この種の陽因や陰因、あるいは陰陽物は、全国各地に無数に存在していた。しかし、これだけの事例数を集めての「江戸時代以降（近代初頭）まで存続していた」一覧は、唯一無二といってよいほど貴重である。

そこでは、北海道と沖縄の事例は少ないものの、全国で六三九基もがとりあげられているのだ。地方別でもっとも事例が多かったのは、関東地方で一五二基を数える。次いで東北地方が一三四基、中部地方が一三一基と続く。九州地方が八四基、近畿地方が七六基、中国地方が四〇基、四国地方が一九基である。

重ねてことわっておくが、これがすべてではない。また、それらは多方面での発表資料であり、項目の統一がなされたものでもない。説明文が付いているのが約半分、あとは場所（住所）と俗称だけである。明らかに性神信仰の対象としての陰陽物は五〇〇基を割る、と私は数えた。しかし、それにしてもこれだけの基数は貴重なのである。

性神信仰のみならず多くの民俗事象は、二百数十年間も安定した世情が続いた江戸時代に育《はぐく》まれている。大黒・恵比須《えびす》信仰、七福神信仰、淡島《あわしま》信仰などの広がりがそうである。陰陽の石造物に代表される性神信仰もそうだろう、とみる。

特筆すべくは、それらの分布が東日本に濃く西日本に薄いということである。いわゆる東高西低。この傾向は、ほぼ事実というものであろう。が、岡山県下におけるコンセイサマ・カナマロサマ・カナマラサマのような濃厚な分布もある。あくまでも、東高西低の傾向がみられる、としておくのがよかろう。

また、農山村部の分布が濃く、都市部の分布が薄い傾向もある。これについては、明治五（一八七二）年における太政官令布告の影響が大きかった、とはすでに推測したところだ。

それでは、東高西低の残存傾向をどう解くか。これは、むつかしい。先行研究のなかからも、その糸口をみつけだすことができなかった。そこで、維新以前（太政官令布告以前）に注目してみよう、と思う。

江戸期、とくに幕末期においても、淫祀を粛正する提言や運動があった。たとえば、長州藩や津和野《つわの》藩での「淫祀《いんし》考」・「淫祀論」がある。幕府の天保改革に応呼するかたちで天保一四（一八四三）年から弘化《こうか》三（一八四六）年の間に山県太華《やまがたたいか》・岡熊臣《おかくまおみ》・村田《むらた》清風《せいふう》・近《こん》藤芳樹《どうよしき》・岩政信比古《いわまささねひこ》らによっての一連の論考がある（沖本常吉編『幕末淫祀論叢』）。それらは、路傍の陰陽石までをとりあげたものではない。「神名帳」（『延喜式《えんぎしき》』に所収）に記載のない小社・小祠を対象にしたものであるが、呪術《じゆじゆつ》的な信仰や神仏の習合にまで論が及んでいる。そして、「邪神の内にも廃すへきあり、廃すへからさる有て」（近藤芳樹『淫祠論』）としながらも、全体としては「淫祀解除」「淫祀破却」を是とするのである。

其淫祀といふものの我海内に有無の正義を糺し、仮令《かり》にも正しき皇神の荒魂・和魂・奇魂・奇覡など祭りし神祠・霊廟を蔑視し奉りて、遂に神罰《しんばつ》を蒙らざるやうにこそ有たけれ。

（岡真人熊臣述『読淫祀考』）

建白書にほかならない。それが、明治維新と明治政府にどのような影響を及ぼしたかまでは不明だが、その場所が長州中心であるだけに無縁ではあるまい。「淫祀」を警戒するというところでは、かの太政官令（明治五＝一八七二年）にも不断の連続性をもっているかもしれない。そして、そうした過剰なまでの刷新指向は維新を正当化もするものであり、西日本一円にいち早く及んだ。そうみることもできるだろう。

そして、路傍の陰陽石にまでもしかるべく影響を及ぼしたに相違ない、と思えるのである。事実、西岡秀雄氏が集計した資料のなかでも、長州（山口県）や山陰（鳥取県・島根県）、そして関西地方や九州地方の一部には、その残存例が他地方に比較すると明らかに少ないのである。

しかし、そうした傾向は、あくまでも体制順守の範囲での現象にすぎない。右のような「淫祀」を嫌悪して排除する気運も、時代によって、都鄙《とひ》によって地方によって濃淡が生じるとしなくてはならないのだ。明治五年の太政官令に過敏に反応したところとさほどに影響を受けなかったところがあった、そのごとくにである。

ともあれ、歴史をなぞってみると、「生殖器崇拝」「性神信仰」も時々にその存在意義が変遷していったことがわかるのである。

性神で多いのが陽物「金精神」

西岡秀雄『図説　性の神々』では、さまざまな呼称がでてくる。陰因（女性器）を対象とする事例が多いのか、陽因（男性器）を対象とした事例が多いのか。はたまた、陰陽一対の事例が多いのか。それが、呼称の集計と分類から傾向を読めそうである。

ただ、ここでは「道祖神」とある項目を除外しなくてはならない。それが三九基ある。そこには、ほとんど内容の説明がついていない。が、その呼称が示すように本義は「塞《さい》の神」にある。一般的な道祖神の理解は、単体であれ双体であれ冠衣をつけた人物像である。双体道祖神のなかには、性的なからみもみられるが、性器を誇張した事例は、ほとんどない。そのところでも、生殖器崇拝（ファリシズム）とまではいえないだろう（性神信仰とはいえるだろう）。そして、その石像の前に男根を象《かたど》った木彫物や女陰に見立てた小石を供える事例もあるが、これは、お礼参りの奉納物とみるべきであろうが、その伝承が必ずしも明らかでない。ということから、ここでは三九基の道祖神を除外した（道祖神については、次章で詳しくふれたい）。

また、「子安地蔵」「幸《さえ》神社」「賽《さい》神社」「粟島《あわしま》明神」「観音堂」などの寺社名だけの項目も除外した。これらも内容の付記がないものが多く、本尊や神体が陰陽にちなんでのものなのか、奉納物が性器を象ったものなのか、読みとるのがむつかしい。これらは、「道祖神」のほぼ倍数基があるが、除外することにした。

さらに、「石神」「山の神」「鷹神」「鳥神」「芝神」などの呼称で、内容説明が乏しいものも相当数がある。それらを割愛して信憑性の高い呼称解析の対象は、報告総数のほぼ半分の約三五〇基となった。

そのなかで、もっとも多かったのが陽物（男根形）の類《たぐい》である。呼称でいうなら、コンセイサマ。カナマロサマともコンセイ大明神（コンセイ明神）なども呼ぶ。「金精」と表記する。これが、全国的な分布をみて、合わせて四一基あった。なかでも岡山県下での分布状況が濃厚であり残存例も多い、とは先に確認したとおりだ。

他の陽物呼称では、ヘノコ石・チンポ石・ツク石・羅石・女泣石など。石棒と書いて、オコマとかリンガと呼ぶところもあった。総じて、男根形の陽物である。どちらかというと東日本に多く分布をみるが、西日本に分布がみられない、というわけではない。これらを合わせると、五六基となる。

そのうちの二一基には、写真も添付されている。多くは、石造で、亀頭《きとう》部分を削り丸めたものである。大小さまざまあるが、大きなもので三尺（約九一センチ）ほどの高さである。写真のなかでは、山形県米沢市谷《や》ノ口の「石碑」が威風堂々たる立像で一見の価値がある、と思える。が、残念ながら、現在ではたどることが叶わない。

なお、自然石では、多くが陰陽一対となっている。一方、陽石が単体で祀られている事例では、ほとんどが人の手が加わったところの石造物である。

木製の大きな陽物もある。秋田県八幡平《はちまんたい》のコンセイサマ、長野県湯ノ原温泉や愛知県田《た》懸《がた》神社での男根形神輿《みこし》などがそうである。それらは、祭礼時に担ぎだして巡行するので木製の必然があった。それにしても、巨大な木彫物である。

これらは、神体に相当する造形物である。他に、それらの性神の前に供える奉納物としての小型の造形物がある。石彫、木彫のいずれもあるが、これも、男根を模したものがほとんどである。病気平癒を祈願して叶ったときに供えたもの、と伝えるところが多い。

では、なぜコンセイサマに代表される陽因（陽物）が各地に数多く祀られることになったのか。それを解くにも、そもそもコンセイサマとは何か。いつのころその呼称が庶民社会で認知され流布したのか。それを問わなくてはなるまい。

ちなみに『広辞苑』（第六版）では、「こんせいじん〔金精神・金勢神〕男根に似た自然石または石製・木製の陽形をまつった神」と説くだけである。もちろん、それで間違いではない。

次に、『神道大辞典』（縮刷復刻版）をみる。

コンセイダイミョージン　金精大明神　金勢神・金性神、地方では［コンセ様］とか、［カナマラ様］とか呼んでゐる所もある。性器崇拝の一種で、多く陽性のものを奉斎した。主として東北地方に行はれてゐる。その顕著なもの一二に就いて記せば、岩手県岩手郡巻堀村村社巻堀神社は、もと金勢大明神と称せられ、神体は金属製の「リンガ」であつた。古来遠近よりの崇敬の対象となつてゐたが、今も旧時代の影響を受けて、男女間の結縁を始め、出産、下疳治癒等の祈願に効験があるといはれてゐる。祈願者は奉賽として金、石、木を以て、神体と同形品を作製奉納するを例とし、古くは社前に堆積せられてゐたといふ。同県稗貫郡里川口町郷社鵰幣稲荷神社境内末社にも金勢神社があつて有名である。なほ同所付近には往々路傍に同様の小祠を認め得られる。又日光の奥、上野・下野の両国境界の金精峠とは、古来、頂上にその祠が存したところからかく称せられたものであるが、今は其処に石製の「リンガ」を奉祀する小祠がある。

（旧字は新字に改めた）

他の辞典類にない、まま的確な表現である。神社神道に基づく事例に厚く、民間信仰の事例に薄いきらいのある辞典で、これは異例な扱いである。それだけコンセイサマの存在が無視できなかったということであろう。

その事例が東北地方に多く分布するというのも、その初版発行時（昭和一二＝一九三七年）の状況ではそうでもあっただろう。

先述もしたように、西日本各地にも共通するコンセイサマこそ日本を代表する性神なのである。しかし、その由来を解くのは、むつかしい。俗説はいくつか伝わるが、確かめる手だては乏しいのだ。

たとえば、一説に「キンマラ」が元の形ではないか、という。キンマラは、男根を模した木彫りの棒で、嫁祝い棒とか嫁突き棒、尻叩き棒などともいう。削りかけの棒もあった。それをもって婚礼の日とかその後日に新婦の尻を叩く（なでる）行事があった。多くは、子どもがそうする。よい子種が授かるようにとの呪術的な行事であったが、滑稽《こっけい》な遊戯ともなった。東北各地、北関東各地に戦前（第二次世界大戦前）のころまでみられた、という（『旅と伝説』『風俗画報』など）。

その「キンマラ」を「カナマラ」に置きかえれば、「コンセイ」に近づいてくる。先に事例をあげた岡山県下にも、カナマラと呼称する男根形の奉納物が複数あった。呼称における発音の変化については、その分野での研究者の所見を聞かなくてはならないが、そうした変化はありうるであろう。

ここで、あらためて注目したいのは、根岸鎮衛《ねぎしやすもり》が著した『耳袋《みみぶくろ》』である。そこに「金精神の事」という項があり、そこでカナマラ明神にふれているのだ。おそらく、これほど詳しい記事としては、もっとも古いものであろう。

根岸鎮衛は、江戸中期に勘定奉行や南町奉行、佐渡奉行をつとめた旗本。佐渡奉行在任中から亡くなる直前（文化一一＝一八一四年）まで三〇年以上にわたって書き留めた世間話の随筆集が『耳袋』である。

その内容の大半は、誰某《だれがし》から聞いた逸話である。それも、各地に伝わる怪奇譚《たん》が多い。たとえば、「人の精力しるしある事」「陽物を祭り富を得る事」「妖怪なしともきめ申しがたき事」「蛇を養いし人の事」「吉比津宮釜鳴りの事」「怪我をせぬ呪い札の事」「神道不思議の事」などである。「紀州治貞公賢徳の事」とか「山中鹿之助武辺評判段の事」とか「松平康福寛大の事」のように実在した人物の評伝もあるが、多くは語り部もその実知《もと》らずの説話や伝説の類である。

平安時代初期に編じられた『日本霊異記《にほんりょういき》』（正確には、『日本国現報善悪霊異記《にっぽんこくげんぽうぜんあくりょういき》』）を連想する。そこでの説話の多くが仏教に関係するところの違いはあるが、動物や雷や鬼が人間と同じように行動するところは相通じるところである。『日本霊異記』の江戸版としてよかろうか。

閑話休題――。

さて、その『耳袋』の「金精神の事」という項である。

それは、津軽の家士が語った話である。少し長くなるが、そのまま引用してみよう（根岸鎮衛・鈴木棠三編注『耳袋』より）。

津軽の道中にカナマラ明神（青森県東津軽郡平内町狩場沢の金勢様）とて、黒銅にて拵えたる陽物を崇敬し、神体と尊みける所あり。いかなる訳やとたずね問いければ、古老答えて、「いにしえこの所に一人の長《おさ》ありしが、夫婦の中にひとりの娘を持ち、成長にしたがい容顔美麗にして風姿艶なる事たぐいなし。父母の寵愛なゝめならず、近隣の少年争いて幣を入れ、妻にせんことを乞い求めけるが、ほかに男子もなければ聟を選びて入れけるが、いかなるゆえにや、婚姻とゝのい侍《はべ》る夜即死しけり。それよりあれこれと聟を入れけるに、或いは即死し又は逃げ帰りて、閨園〔閨縁カ〕むなしくのみなりしゆえ、父母ともに驚き大方ならず。娘に訳をたずぬれば、『交わりの節或いは即死し又は怖《おじ》恐れて逃げ帰りぬれど、我もその訳知らず』と人して答えければ、父母も因果を感じて歎き暮しけるが、逃げ帰りし男に聞きし者の語りけるは、『右女の陰中に鬼牙ありて、或いは傷を蒙り又は男根を食い切りし』という。この事おい〳〵沙汰ありければ、娘もいぶせきことに思いける。或男この事を聞きて、われ聟にならんとて、黒銅にて陽物を拵え、婚姻の夜閨に入りて交わりの折から、右黒銅を陰中に入れしに、例のごとく雲雨に乗じ、右黒銅陽物に食いつきしに、牙悉く砕け散りて残らず抜けゝるゆえ、その後は尋常の女と成りし由。右黒銅の男根を神といわいて、今に崇敬せし」と語りけり。

江戸時代には、このような伝説が語り継がれていたのだ。

男根を食いちぎるかのような女陰があった。黒銅製の陽物がそれに対抗、女陰を和らげた。大事なのは、最終行の「その後は尋常の女と成りし由。右黒銅の男根を神といわいて、今に崇敬せし」と語りついだということである。

これを陰歯伝説という（原三正『性神風景』）。陰歯伝説は、口腔《こうこう》性交と関連があるともされる。さらに、その種の伝説は台湾、セレベス、マレーシアなどにも共通する、ともいう（金関丈夫『木馬と石牛』）。さもありなんか。だが、他の文献で日本での類例を確かめることはむつかしい。そうした由来話があった、とするしかないのである。詮索《せんさく》もここまでである。摩訶不思議なコンセイサマなのである。

瘡毒が蔓延の時代

かつては、そのコンセイサマに女性の参拝が多かったことに注目しなくてはならないだろう。すでにふれてもきたことだが、あらためて注目しなくてはならないだろう。

そこでは、子孫を授かるよう、無事に出産ができるよう祈願がなされた。とくに、「三年たって子無きは……」などといわれた時代であれば、「子種ちょうだい」の祈願は切実なものであっただろう。秘《ひそ》かな参拝が行なわれていたに相違ない。男根を模した神体を拝むだけにとどまらず、そこに供えられている小型の男根像を持帰って拝み、無事に安産が叶うとその男根像に新しい男根像を添えてお礼参りをすることも各地でみられた。

しかし、もう一方で「瘡毒回避《そうどく》」「性病平癒」を祈願することが言い伝えられている。男たちの平癒祈願だけではない。婦人たちの秘かな参拝が少なくなかった。とくに、遊廓で働く女性たちにとっては、その回避や平癒は切実な願いであっただろう。

昭和五〇年代前半のこと、といえば現代《いま》から半世紀近く前になるが、名古屋の中村遊廓のあれこれを調査したことがある。その委細は、『遊廓成駒屋』に著した（平成元＝一九八九年刊）。そのときは、さほどに気にとめていなかったが、たしかに娼妓の部屋に木箱に入った木彫りの男根像が残っていた。また、天井裏に手拭《てぬぐい》で包んで隠した素焼土器の男根像があった。それは、神詣《かみもう》でをするときの準備だったのか、それを秘かに祀って感染封じを願ったのか。いまとなっては確かめるすべがないが、娼妓と男根模型の関係は、確かに無視できないところである。

それが「花柳病」といわれたように、とくに娼妓たちには忌まわしい性病であった。それに罹《かか》った客に付かないよう願うしかなかっただろう。そして、それに伝染した男たちも、早い平癒を祈るしかなかったであろう。他人には言えない、秘めたる神だのみが潜在していたのだ。むしろ「子種ちょうだい」よりも、まずは「瘡毒回避」の祈願の方が多かったのではあるまいか。と、これまでもふれてきたところだが、たしかにそうだっただろう。

西岡秀雄が編じた「日本民間性神祠の都道府県別一覧表（近世）」（『図説　性の神々』に収録）では、以下のところでその祈願目が報告されている（カッコ内は、現在の市町とした）。

青森県西茂森（弘前《ひろさき》市）勝岳院《しょうがくいん》の「墓地陽石」・同県五戸《ごのへ》町（三戸《さんのへ》郡）の「金勢神」・同県白山《はくさん》（三戸郡五戸町）の「荒神様」・秋田県田沢湖町（仙北《せんぼく》市）の「金勢様」・山形県上郷《かみごう》（米沢市）の「石神」・同県温海《あつみ》温泉（鶴岡市）の「熊野神社」・同県五色《ごしき》温泉（米沢市）「賽神」の「抱石」・岩手県松尾山下（盛岡市）の「粟島明神」・同県赤沢（遠野市）熊野神社の「お駒様」・同県二子《ふたご》町（北上市）白鳥神社の「金勢様」・宮城県鳴子《なるこ》町（大崎市）の「道祖神」・同県田尻町（大崎市）の「道祖神」・群馬県材木町（館林《たてばやし》市）観性寺《かんしょうじ》の「山王権現」・栃木県馬頭《ばとう》町（那須郡那珂川《なかがわ》町）の「オンマラさま」・茨城県桜村（つくば市）の「道祖神」・千葉県神崎《こうざき》町（香取《かとり》郡）の「かさ神様」・東京都千駄ヶ谷（渋谷区）の俗称「おまん（こ）榎《えのき》」・東京都南泉寺（台東区）の「御客神」・新潟県桑取《くわどり》（上越市）の「刈田大明神」・同県一の宮（糸魚川《いといがわ》市）の「子の聖権現」・新潟県新穂《にいぼ》村（佐渡市）東光院《とうこういん》の「子の権現堂（子王大権現）」・新潟県月岡（三条《さんじょう》市）の「男根」・石川県卯辰山《うたつやま》（金沢市）の「陽神」・奈良県西紀寺《にしきでら》町（奈良市）崇道《すどう》天王社の「腰かけ石」・京都府宇治市の懸《あがた》神社・大分県別府《べっぷ》温泉（別府市）の「陰陽石」・同県島田（中津市）貴船《きふね》神社の「道祖神」・長崎県石田村（壱岐《いき》市）印通寺《いんどおじ》の「唐人神」・同県郷ノ浦町（壱岐市）の「唐人神」など。

もっとも、タテマエ上では、必ずしも第一の祈願目ではない、とする傾向にある。五穀豊穣や子孫繁栄などに次いでの、そのところでは副次的な願目とするところが多かった。しかし、タテマエに隠れたところにホンネがある。ホンネ（本音）というからには、それが実態であることも多かろう。ここでそれを主張することはしないが、時代をさかのぼってみると、「瘡毒回避」の祈願はより切実にして濃厚な分布を呈していた、といわなくてはならないだろう。前掲の岡山県におけるコンセイサマ群などはここに入っていないのだ。まだまだたくさんの事例があったはずである。

瘡毒を防ぐ手だても神だのみ

じつは、江戸時代から明治初期にかけての日本は、性病の大流行国だったのである。その背景として、「性」に対してまことにおおらかな国状があった。

たとえば、「春画」がおおっぴらに大量に販売されていた。浮世絵といえば、喜多川歌磨《きたがわうたまろ》や葛飾北斎《かつしかほくさい》といった名前を連想する人が多かろう。しかし、有名・無名の浮世絵師が数多くいた。そのなかで、錦絵《にしきえ》（多色刷り）が発達、美人画や役者絵や名所絵（風景画）などが世にでることになった。それと同じように、いやそれ以上にもてはやされたのが春画である。

近年は、それが美術館や博物館で展示もされるようになり、それにあわせて出版もなされるようになったが、長く秘められてきた錦絵である。そこで描かれているのは、男女のからみや狐狸妖怪《こりようかい》との交わりである。まずは、その体位の大胆さには驚きを禁じえないのである。

なかでも、男根が異常なまでに拡大されている画が多い。これは、なぜだろうか。

「その物（男根）の寸法は分に過ぎて大《おおき》に描きて候こと、いかでか実《まこと》にはさは候べき。ありのままの寸法に候はば、見どころなきものに候ゆえに、絵そら事とは申すことにて候」という『古今著聞集《ここんちよもんじゆう》』の逸話を紹介して、鎌倉時代からの伝統、とする研究報告もある（早川聞多『春画』）。

その歴史は、さておいて、江戸みやげにはそうした春画が人気であった。私は、堺（大阪府）の旧家である小谷《こたに》家が所蔵する道中算用記と春画を当主の方明《みちあき》氏から見せてもらったことがある（昭和五七年）。そして、戦後（第二次世界大戦後）に当家を訪れた進駐軍関係の人たちは、それに異常なまでの興味をもった、という話を聞いたことがある。「春画のなかの男をウタマロと呼ぶのはええが、私らまでがあんな大きなモノをぶら下げている、と思われるのは迷惑なことやな」。小谷方明氏が笑いながら、そう言ったことである。

温泉や公衆浴場でも、男女とも前を隠すことはなかった。

「箱根」のようにそれを描いた絵もある。江戸時代の日本人は、いや明治も前期の日本人は、それを恥じることがなかった。たとえば、大森貝塚の発見者として知られるE・S・モース（一八三八〜一九二五年）は、明治前期に三回来日。東京大学で進化論の講義をするかたわら、日光や江ノ島への旅行を楽しんでいる。そのようすは、石川欣一《いしかわきんいち》訳『日本その日その日』に詳しい。日本と日本人を愛していたことがよくわかる。

しかし、そのなかで、混浴時に男女ともに一糸まとわぬ裸体でくつろぐようすに驚き、それにはなじみがたい、とするのである。

日本では何百年かにわたって、裸体を無作法とは思わないのであるが、我々はそれを破廉恥《はれんち》なことと看做《みな》すように育てられて来たのである。（日光・中禅寺湖《ちゅうぜんじこ》近辺で）

それより前、幕末に来日した西洋人の驚きは、さらに大きかった。たとえば、ペリー艦隊の通訳であったウィリアムズは、銭湯をのぞいて、「私が見聞した異教徒諸国の中ではこの国がいちばんみだらかと思われた」、といっている（『ペリー日本遠征随行記』）。

キリスト教の戒律を是とする欧米人には、理解できない異文化というものだったであろう。いや、現代の私どもも日本人にもなじまない古文化というものかもしれない。ただ、そういう時代背景を理解しないことには、性神信仰の許容もできにくいのである。

混浴の図　嘉永7（1854）年、ペリー艦隊に随行して下田に上陸したドイツ人画家のハイネが描いたものだが、通訳として同行したウィリアムズは「裸体の姿は男女共に街頭に見られ、世間体なぞはおかまいなしに、等しく混浴の銭湯へ通っている」とある（『ペリー提督日本遠征記』より）

「それは実に礼節と単純さの絶頂であって、この群衆の間には好色な猫っかぶりなどはいない」、とモースもいっている（『日本その日その日』）。それを卑猥《ひわい》とはしないのである。

　そうした日本では、花柳病ともいわれる瘡毒（性病）が蔓延《まんえん》していた。

　もちろん、そのところにおいても、日本人が性行為に無節操だったわけではない。しかし、各地に遊廓が存在していた。そこで感染が広がることになる。その医学的・薬学的な対処法がまだ充足していない。いかに神だのみをしようとも、その蔓延を防ぐことはできなかった。

　　親の眼を盗んだ息子鼻が落ち
　　金箔《きんぱく》のついた疱《かさ》だと鼻にかけ

せめて鼻ならばまだしも篇乃古《へのこ》落ち

などと、裏川柳が数多く残る。

「薬も、なくはなかったんですよ。効くか効かないかは別として、解毒薬の類《たぐい》の効能には梅毒があげられています」、と教えてくれたのは友人の加藤宏明氏（伊勢くすり本舗社長）である。

「うちの〝百毒下し〟でもその効能をうたっていたんです」

加藤氏の家系は、四〇〇年もの歴史をもつ三重（四日市《よっかいち》）の製薬所である。その製薬所は、加藤翠松堂《すいしょうどう》（のちに翠松堂製薬）。名物薬が百毒下しで、「男女老若、瘡毒一切に効あり」（将軍家茂《いえもち》の侍医だった松本良順《まつもとりょうじゅん》の書）とうたっていた。また、加藤翠松堂は、萬金丹《まんきんたん》の一方の製薬所でもあった。

日本で梅毒に最初にふれた記録は、永正《えいしょう》四（一五〇七）年の竹田秀慶『月海録』である、という（酒井シヅ『病が語る日本史』）。そこでは、「人民に多く瘡あり。浸淫瘡に似たり。（中略）これを唐瘡、琉球瘡という」、とある。

誰がどこから持ちこんだかはともかくとして、梅毒はまたたく間に広がった。それに加えて、淋病《りんびょう》も流行《はや》ることになった。

蘭方医《らんぽうい》の杉田玄白《すぎたげんぱく》は、早くから梅毒の治癒法をこころざしていた。諸書の処方を集録し、オランダの医書にもあたったが「まだ完全な治療法がわからない」、といっている（『形影《けいえい》夜話《やわ》』、享和二＝一八〇二年成立）。そこで、次のようにいっている。

患者は日々月々に多くなり、毎年千人あまり治癒するが、そのうち七、八百は梅毒患者である。こんなことをして、四、五十年の月日がたったから、梅毒患者をとりあつかった数は、数万にもなろう。それだのに、今年七十歳という年になるが、まだ完全な治療法がわからない。これは患者のつつしみがないためか、それとも、わたしの治療が下手なのか。とにかく、ますますこの病気は難治のものだということを知っただけのことで、わかいころからすこしも進歩していない。（旧字は新字に改めた）

江戸期における日本では、医学的・薬学的な対策はほとんど効果がなかった。杉田玄白をして、「とても人力だけでは駄目だと思い、神明の援助を求めて、朝夕、天神様の壱百日詣でをして」（『形影夜話』）、と言わしめているのである。「それも、効果がなかった」（同上）。

幕末に日本を訪れた外国人は、その蔓延に驚き、その瘡毒に無頓着《むとんちやく》な日本人に驚いている。たとえば、ヘボン式ローマ字の創始者ヘボン（医師でもあった）は、ラウリー博士宛ての書簡（慶応二＝一八六六年）で次のような報告をしているのである。

日本人は肉体的にも道徳的にも社会的にも数世紀以前より明らかに低下しておりま
す。この国民ほど肉欲の罪に耽って恥じない国民を見たことがありません。婦人やそ
の子供たちは遺伝的に虚弱な身体と梅毒や結核などの病気に冒されている。
（苅谷春郎『江戸の性病――梅毒流行事情』）

また、慶応三（一八六七）年に駐日英国公使館付医官として来日していたウィリアム・
ウィリスは、その見聞記のなかで次のような一文を残している。

すべての遊女の三分の一は、奉公の契約期限が切れぬうちに梅毒やその他の病気で
死亡し、さまざまな種類の梅毒が多数の人命を奪っている。江戸では遊女の約一〇
パーセントが梅毒にかかっているとみられるが、横浜では、この病気の割合はすくな
くとも江戸より二倍も多い。
（前掲『江戸の性病』）

そうしたこともあって、当時としては画期的な検梅制度が整っていくのである。
慶応四（一八六八）年、いち早く横浜の吉原町遊廓に梅毒病院が開設、英国海軍医
ニュートンが主任となった。まずは、入国する英国人の安全を守るためであっただろうこ

とは、想像にかたくない。この病院を「The Lock Hospital」と呼んだというから（前掲『江戸の性病』）、患者は刑務所並みの厳重な管理下にあった、とみることができようか。なお、その維持費は、吉原町遊廓の負担ということであった。

続いて、東京の吉原にも梅毒病院ができた。京都や大阪にも梅毒病院ができた。日本での検梅・駆梅制度が整っていくのである。

しかし、それが全国に及ぶには、なお時間を有した。何しろ、遊廓が廃絶するのは、それから一〇〇年近く経った昭和三三（一九五八）年のことである。遊廓と検梅病院との不断の関係が続くものの、性病廃絶には至らなかったのも事実というものである。私の中村遊廓（名古屋市）についての調査でも、そのことを認めざるをえない事実があった。

戦後、中村遊廓の遊女たちは、毎週金曜日に交代で中村病院（県立）に検査に行った。それは義務になっていた、という。ただ、その検査の前には廓内で事前検査をし、その疑いがあるときは検査をごまかすための対策を講じた、というのだ。たとえば、淋病をおさえる、あるいは梅毒の初期を一時的にかわす、などとされる薬品を注射する。その結果、熱が出たときには消炎剤や解熱剤を用いるなどと無謀なことをしていた。その薬品と発熱の相乗により一時的に検査を逃れることもできた、という話を、かつて遊廓でその役を担っていたという男性から聞いたことがある。それを物語るように、遊廓には多数の薬品類（多くが炎症治療薬の類）が残されていた。そこで行なっていたのはまったくの素人療法であり、今の常識からすると恐ろしいことでもあったが、それがまかり通るところだったのだ。そこでの遊女は商品に相当、めったに休める立場ではなかったのである。

そうした状況であったから、遊女たちには日々神頼みをするしかなかった。病院にかからなくても、折々に大門の近くにあった素盞男《すさのお》神社に詣でていた。無病息災、すなわち性病に無縁でありますように、と祈るしかなかったのである。切実な祈願であった。

そうした当事者たちにとっては切実であった祈願が忘れられようとしている。いや、当時も一般の人たちはさほどに注視することでもなく、多くのところで二義的な願目とされてきたふしがある。文献上でも、そうした傾向にあった。

笠森稲荷　「笠」が「瘡」に通じるところから、瘡（梅毒）を恐れる人たちの参拝が多かった。「笠森へ願う倅《せがれ》の命乞い」という川柳もある（東京都台東区谷中）

重ねていうことになるが、軽視はできない史実というものであった。昭和も中期までは、そうしたコンセイサマに代表される性神信仰が生きていた時代であったのだ。近代初期に来日した欧米人からは「肉欲の罪に耽って恥じない国民」（ヘボンの書簡）などと批判もされたが、また識者の間でも神だのみを笑止する風潮も生じたが、底辺に生きる庶民の心情と信仰は、理屈ではなく純粋であったはず。そう理解しなくてはならないのではあるまいか。

仏教伝来のなかでの性神信仰

コンセイサマ（金精様、カナマロサマなどとも）を性神信仰の象徴とした。その他にも、陰陽の造形物にいくつもの呼称がある。そのなかで「歓喜天《かんぎてん》」をとりあげておきたい。歓喜天は、仏教のなかの一尊である。魔よけ病よけの守護神でもあったが、俗には、これが性神とも化していったのである。

古代においては、遣唐使《けんとうし》たちが仏教的な思想をもたらした。なかでも、最澄《さいちょう》は天台宗《てんだい》を開き（延暦二四＝八〇五年）、空海《くうかい》は真言宗を開いた（大同元＝八〇六年）。最澄の天台宗、空海の真言宗ともに、密教である。密教は、インドで生じ中国・ネパール・チベットなどにも広まった。一般にはうかがいしれない修法に基づくところから、密教である。これに対しての顕教《けんきょう》は、言葉や文字で説かれた釈尊《しゃくそん》の教えである。法然《ほうねん》による浄土宗《じようど》（安元元＝一一七五年）・親鸞《しんらん》による浄土真宗《じようどしん》（元仁元＝一二二四年）・道元《どうげん》による曹洞宗《そうとう》（安貞元＝一二二七年）・日蓮《にちれん》による法華宗《ほつけ》（建長五＝一二五三年）などがそうである。

歓喜天は、当初に導入された密教とともに伝わった、とみなされる。歓喜天の「天」は、密教曼荼羅《まんだら》の天部を表わすとみれば、ほぼ当然のことである。ちなみに、密教曼荼羅とは、諸尊の悟りの世界を諸仏・諸尊、さらに諸神を一定の方式に基づいて網羅して描いた図である（『広辞苑』を要約。四種曼荼羅、両界曼荼羅などがある）。修行僧は、この前で観想行を行なってきたのである。

その曼荼羅のなかに、胎蔵界曼荼羅がある（両界曼荼羅で金剛界曼荼羅と対になる）。それは、わかりやすくいうと、中央に静止体の如来が大きく描かれている。その脇四面に菩《ぼ》薩《さつ》が配され、その外郭に明王が配されている。外にいくにしたがって姿形が小さくなり、表情や手足がさまざまな動きに変わってくる。そして、もっとも外部の狭い回廊部が天部である。喜怒哀楽を顕《あら》わにした在来の神々が生々しいかたちで描かれ、人間や動物も描かれている。この曼荼羅をさらにわかりやすくいうならば、外郭の俗界から中央の浄界へと、さいころ図のように描かれているのである。

その天部からは、大黒天・多聞天・毘沙門《びしやもん》天・弁財天・摩利支《まりし》天などが単独神として日本にもとり入れられている。たとえば、大黒天はオオクニヌシの神（大国主神）と習合して福の神となり、多聞天は財宝守護の神となり、弁財天は楽器を抱えていたところから芸能の神となり、摩利支天は武器を携えていたところから中世武士の守護神となった。まだ成仏が叶わない位の低い神々であるから、それぞれの職能集団がほとんど自由にとり入れたのであろう。江戸期の江戸における七福神の構成もそうである。戎《えびす》（コトシロヌシの命《みこと》＝事代主命と習合も、出自は夷神《えびす》）・大黒天・毘沙門天・弁財天と福禄寿《ふくろくじゅ》・寿老人・布袋《ほてい》。ここにも、胎蔵界曼荼羅の天部から三体の引用がみられる。あとは、遠方の夷と中国の故事にまつわる老人たちで、下部神域と人間世界との境界域をなす構成である。

さて、その胎蔵界曼荼羅の天部にあるはずの歓喜天。それらしき像が、どうも見当たらないのである。

歓喜天の出自は、通説ではインドのバラモン教（古インド教）にある、とされる。バラモン教の一部は、のちのヒンドゥー教にも通じる。ヒンドゥー教では、シヴァ神の系譜にある。そのシヴァ神とパールヴァティー女神との間に生まれたのが、ガネーシャ。そのガネーシャは、知恵や学問の神として崇《あが》められてきたが、性神としても知られる。全能神ともなった。古インド教のなかにはガネーシャを主祭神とする宗派があり、そこでは全知全能の神として尊崇をうけてもいた、と伝わる。

そのガネーシャが、性神の神格を強調するかたちで「大聖歓喜自在天」として日本の密教のなかにもとり入れられた。直接ではなく、チベットや中国を経由してだっただろう。しかし、その経路は、明らかでない。

日本におけるガネーシャは、歓喜天とも聖天とも呼ばれるようになったのだ。

ここでは、象人身という奇妙な双体が抱擁の立ち姿で表わされている。たしかに、古インド教の神話では、神はしばしば動物と結合した化身で現われる。ガネーシャは、象面。だが、双体でのこうした立像は、インドやチベットでは珍しいのではないか。日本では、それを歓喜天として尊ぶことになったのだ。

京都の勧修寺《かじゅうじ》蔵本の『覚禅抄《かくぜんしょう》』や奈良県の生駒山宝山寺《いこまやまほうざんじ》、横浜市弘明寺《ぐみょうじ》などの歓喜天像

胎蔵界曼荼羅　中心部に如来像、それから脇にいくにしたがって菩薩・明王が配列。いちばん外郭が天部で、俗なる神仏が配列されている（観蔵院曼荼羅美術館蔵）

（聖天像）などにそれが伝わる。

西岡秀雄『図説　性の神々』によると、歓喜天（聖天）を祀る寺院は全国に及び、一六〇をも数えた、という。ただそれらは、本堂における本尊仏のところは少なく、別檀《べつだん》や岩屋に祀るところが多いことをことわっておかなくてはならない。おしなべて何々天なる諸仏は、仏の世界での位は低いのである。

ラマ教における歓喜天群

もう一方で、チベットのラマ教における歓喜天（さまざまな個別名があるが、ここでは総称とする）の影響もあるだろう。

ラマ教は、チベット仏教のなかの密教に相当する。チベット密教として発達した。ちなみに、仏教には密教と顕教があり、密教は修法が重要とし、それゆえに呪術的でもある。日本では、天台宗と真言宗がその系列にあり、修験道《しゆげんどう》もそれに準じる。

チベットでは、七世紀の中ごろインドの仏教がとり入れられた。その後、八世紀から一二世紀にかけてインド仏教の僧侶《そうりよ》がチベットに入りチベット人もインド各地の僧院に留学した。インド仏教は、やがてヒンドゥー教の進出に押されて後退。チベット仏教がそれを継ぐことにもなった。その一派が、チベットに土着のボン教と習合してラマ教を生んだ。さそして、僧侶組織や教典や仏像・絵図も整って、ラマ教はチベット人社会に広まった。さらに、中国やモンゴルにもその教域を広げた。

そこでは、さまざまな絵図が修法や教化に用いられている。その絵図を大別すると、尊影図と曼荼羅がある。その曼荼羅には、神々の性交が描かれた図が多くある。また、ラマ教廟《びょう》には歓喜天像が祀られることになった。ただ、それは古代インドにおけるガネーシャ神の象人身とは異なるもので、男女神の性交像がでてくるのである。性交図もでてくるのである。

そのあたりは、日本人としてはじめてチベットに長期滞在した河口慧海《かわぐちえかい》の記録（『チベット旅行記』）からも読みとることができる。急速にして広域への影響が、一〇世紀から一一世紀のころであるから、日本に伝来する密教にも影響を及ぼした、とみることができよう。

ただ、その経由地の中国でどのように扱われていたかは、よくわからない。たとえば、両界曼荼羅が日本に伝わっており、その一方の胎蔵界曼荼羅の天部に注目してみる。だが、中国で整えられた曼荼羅であるから、そのどの部分をチベット密教系の歓喜天とみるか。その特定がむつかしいところなのである。

何らかの手立てをもって、チベット密教系の歓喜天のどの像かが単独神として伝来してきたのかもしれない。しかし、その手立てが、なおよくわからないのである。長い経緯と経路があっての伝播《でんぱ》の、日本はその末端にある。よくわからないところがあるのもいたしかたあるまい、としておこう。

　そもそもチベット密教、そのなかのラマ教を理解するのは容易なことではない。しかし、ヨーガ（日本でのよが）という修法のなかに性的ヨーガ（座位）が含まれており、それを不義不遜《ふそん》とはしなかったことは事実であった。むしろ、それを無上ヨーガとした。ゆえに、その教化のためにもこうした性的な曼荼羅絵が描かれたのであろう。

　チベットにおけるラマ教寺院（廟）には、日本で総じて歓喜天というところの性描写がなされている絵図が多く残されてきた。曼荼羅もあるし、壁画もある。そこでの図像表現では、性行為も顕わな歓喜天だらけの様相があるのだ。

　じつは、私は、それをしかと見聞しているのである。

　以下は、閑話休題としてもよい。私の体験を述べることにする。

　昭和四七（一九七二）年から四八年にかけての八ヵ月間、私は、西部ネパール民族文化調査隊に加わってヒマラヤ山中のチベット人集落で過ごした（越冬したのは、そのうち四ヵ月間）。私は、まだ民俗学にも文化人類学に疎い若僧で、斥候《せっこう》役と写真係として加わったのである。

　越冬したその集落は、ポンモといった。ネパールにおけるヒマラヤ山中の最北端、作物限界を超えたところにあった（標高、約三七〇〇メートル）。一四戸で住民七十数人のその村は、チベットとインドの交易中継地として重要であった。

食料も乏しい、厳しい越冬生活であった。私は、調査テーマも与えられておらず、手もちぶさたであった。そのなかで、ユンドゥン師に会ったのである。

ユンドゥン師は、仏画師であった。二、三日も歩かなくては寺院にも隣村にも行けない辺鄙《へんぴ》なところにありながら、しかし広く知られた仏画師であった。私は、とくに調査テーマをもたないままに、日中にはチョールテン（仏舎利塔）の内壁いっぱいに描かれている仏画を模写していた。気になったのであろう、ユンドゥン師が時々のぞきに来る。そして、見かねたのであろう、私の模写画に注文をつけたり、修正を加えたりしだしたのである。

私は、正式に弟子入りを許された。それは、そうなのである。私は、日本製の筆も絵具

チベット密教の曼荼羅　中央部は、座位での性交図が多い。煤けた状態で、カトマンズ（ネパール）の骨董市でも見出すことができるであろう

もスケッチブックも一式持っている。ユンドゥン師は、ヤクの毛を束ねた自製の筆とそのつど配合した顔料で壁画制作にあたっていたのだ。それに、私は、子どものころから描画になじんでいるので、直線も曲線もそれらしく描けるし、斑《むら》なく彩色もできる。ユンドゥン師からみると、何段階か特進の弟子ということになるのだった。

正式に弟子入りをするには、まるまる一日歩いたところにあるトンバ（寺院）に行って大ラマ（僧侶）に祈禱してもらい、それに従っての瞑想《めいそう》行を修めなくてはならない。ユンドゥン師が連れて行ってくれて三日間滞在、毎日その修法を行なった。そのとき、幾組ものタンガ（曼荼羅）を見たのである。

そのなかの何枚かに、ここで歓喜天と呼ぶところの「性交する神々」が描かれていたのである。残念ながら、十分に調べたり写したりする時間がなかったが、大きな鬼面相の男神（正面）に細面（横顔）の女神が抱きつくかたちの図があった。その印象が強く残っている。女神の尻が割れたその下に玉が二つ。それが男神の睾丸《こうがん》であるとは、そのときは気づかなかった。そうした様相を短時間で理解するには、いまにして思えばもったいないことであったが、私は若すぎた。

帰国後数年して、写真家の藤田弘基さんと知り合った。藤田さんは、インド北部からネパール山地にかけての古いチベット系の寺院を訪ねて仏画や仏像の撮影を行ない、その写真集の出版準備を行なっていた。そこで、チベット系仏画（ラマ教曼荼羅以外の仏画も）の尊影を確認させてもらったのである。

まず、単体の尊影がある。男神像も女神像もある。男神像は、閻魔《えんま》顔が多く獣面もある。女神像は、人面が多い傾向がみられる。それらの肢体は、多くが立像で、手を広げ片足を踏み上げた荒々しいものが多い。

たとえば、文殊《もんじゅ》菩薩の化身とされるヴァジュラバイラヴァ。大きな憤怒《ふんぬ》顔で三眼（これは珍しいことではない）で、その両脇と頭上にまた五面がある。鬼面に近いもの人面に近いもの。それとは別に、冠状に髑髏《どくろ》がいくつも（これも珍しいことではない）。角《つの》が二本、梵天《ぼんてん》を威嚇する。手が三四本、足が一六本。全体には青色の肌だが、背面との色合いが不気味である。最頭上に文殊菩薩の寂静面がついているので、そのさまざまな化身とわかるが、それにしても過激な化身である。

女神の単体では、ダーキニー。チベットでは、さまざまな魔法をつかう母神の使婢とされて知られるが、肩や腰に薄布を巻いた程度のあどけなさ。それは、頭上に菩薩が浮かぶ比較的穏やかな図柄である。が、一方で、ほとんど裸体で描かれたダーキニーもある。首から股下《またした》まで数珠《じゅず》をさげただけで、両足を広げた怪しげな姿勢。左手には髑髏杯、右手には肉切包丁を持つ。女神の描写もさまざまである。

そうした男神と女神の性交図も多い。いかつく色黒い男神と白くしなやかな女神が、全裸でからむ。男神が正面で仁王立ちで女神を抱く。女神は、男根をくわえた後ろ姿。なかには、男神の腰に足をからめてのけぞる姿もある。女性の股間ごしに男神の睾丸(二一玉)がみえる。性交図ではおなじみの図柄である。

なお、同じ性交図でも座位のものもある。厳めしい男神が正面を向いて座るところに、白く細身の女神がまたがって座る。これは、主として父母普賢《ふげん》のそれである、という。それをとり囲んで四仏とか五仏、あるいは一六仏もが配されている。そうした曼荼羅図も多い。

以上は、あらためて藤田弘基氏の写真集『密教——チベット仏教の世界』(ダライ・ラマ政庁宗教委員会監修)で確かめての仏画三態である。

なぜ、ラマ教に代表されるチベット密教でこうした性的な描写が生じて伝えられてきたのか。ラマ教における即身成仏とは、その秘法とは、両性の交合にある。それは、修法である、と説く書物が少なからずある。そのことについて、日本に在住して久しい知人のペマ・ギャルポ氏(ダライ・ラマ政庁宗教委員会日本代表)にたずねたことがある。現在のラマ教ではそうは説かないところでの歴史遺産である、という答えであった。

そういえば、五五年前のあのとき、ラマ僧もユンドゥン師もその種の曼荼羅はひさしく描かれていない、といっていた。まさに、歴史遺産というのがふさわしいのであろう。ただ、何とおおらかなことか。何とあからさまなことか。それが、ラマ教の教義に沿ってのことだったのである。

歴史をふりかえってみると、日本にもその一部が伝わった、とみることができよう。

歓喜天の図像にチベット仏画のそれを引用している例も多いのである。そこにある男神、女神ともそれぞれに名前がある。にもかかわらず、総じて歓喜天とした。そして、歓喜天は性神とした。

一部の宗教集団では、無上ヨーガ（性的修法）をもって宗是のひとつの柱とした。チベットから遠く離れた日本において、さまざま変化しながらも、無上ヨーガが特化されることにもなった。

たとえば、中世における真言立川《たちかわ》流がそうである。左道密教ともいう。ここでは、歓喜天ならぬ荼枳尼天《だきにてん》を本尊とした。そして、男女の性行為をもっての即身成仏を説いた。秘儀的な性行為を行ない、その絶頂を極めた瞬間に即身成仏が成る、としたのだ。また、髑髏を本尊とし、髑髏に知合水（浄水）を塗り重ねることで死者の魂を戻す、などともした。平安時代後期から室町時代にかけて、淫祀邪教としての弾圧を受けながらも支持者を増やした。一部は朝廷にも入りこみ、仏教界にも少なからず影響を与えた、という（豊島泰国『図説　日本呪術全書』）。

以後も、いわゆる新興宗教のなかで、その真言立川流の思想や修法が伝えられもした。たしかに、そのふしがある。それはともかくとして、チベット密教（ラマ教）系の仏像・仏画がその教義よりも形態を重視するかたちで日本にも影響を与えた。ここでは、そう認識しておこう。

第四章　塞神と陰陽信仰

ウチ（内）とソト（外）。その間にあるのがサカイ（境）である。

現在でも、国境とか県境、市町村境が存在する。国境では、厳重な警戒がなされているところも少なくない。

民俗学の視点でいうと、「村境」とそこを守護する「サイノカミ」（塞神、サエノカミ・サヤリマスカミとも）ということになる。その信仰の歴史は、古い。もっとも古く、記紀《きき》神話をたどって説くむきもある。

火の神を産んで黄泉《よみ》の国に神避《かむさ》ったイザナミ（伊邪那美）を追ったイザナギ（伊邪那岐）が、そのところのおどろおどろしさに驚いて逃げ帰るとき、「千引《ちびき》の石《いわ》をその黄泉比良坂《よもつひらさか》に引き塞へて」地上界と地下界の結界をつくる。その「塞《さや》りし石」がサイノカミ（『古事記』では、道反之大神《ちがえしのおおかみ》・塞《さや》ります黄泉戸大神《よみどのおおかみ》とある）。たしかに、そう解くこともできるのである。

また、上代に中国から疫神信仰が入り、都府で道饗祭《みちあえさい》が行なわれるようになった。さらに、仏教の六道輪廻《ろくどうりんね》の思想から六観音や六地蔵などをもってサイノカミと本地垂迹《ほんじすいじやく》が生じた。などと説くむきもある。そこには、種々の神格の習合がみられるのである。

いずれにしろ、そうしたサイノカミは、ソトから侵入する邪気悪霊を防ぐ。あるいは、追い払う。それをより多くの人が認知するためにも、塞りし石ならぬ阻礙《そがい》の像や具象化した呪物が祀《まつ》られるようにもなったのに相違あるまい。

そのもっとも古いかたちとしての描画が残るのは、一章でとりあげたところの『信貴山《しぎさん》縁起《えんぎ》絵巻』における大きな球石である。『絵巻物による日本常民生活絵引』（第一巻）のなかで、道祖神と位置づけていることも、付記しておいた。

現在も、そうしたサカイを祓《はら》い固める呪物が確かめられるところが少なくない。たとえば、そこに注連縄《しめなわ》が張られている。奈良・近江《おうみ》（滋賀県）・若狭《わかさ》（福井県）の山地農村部では、正月明けに大がかりな注連縄を張る事例が伝わる。

また、東日本では、巨大な藁《わら》細工を立てて疫病を封じようとする習慣に通じる。千葉県下では大草鞋《わらじ》を下げるし、東北各地ではショウキサマとかニオウサマ、あるいはカシマサマとか呼ぶ藁人形が境界の丘に立つ。疫病が流行すると、何体もの人形を立てた、というところもある。

沖縄で辻々《つじつじ》に設置されている石敢塔《いしがんとう》も、同様の役目を託されての塞神とみてよかろう。

防塞（防災）だけではない。逆に境からソトに、ウチにたまった厄災を送り流す行事もあった。代表的な例では、依代《よりしろ》としてのヒトガタ（人形）を送り流す。

三月節供《せっく》の「流し雛《びな》」がそうである。現在では鳥取県下や和歌山県下にそれが伝わっているが、桟俵《さんだわら》（米俵の両端を封じる藁製の円蓋《えんがい》）に紙や布でつくった折雛を乗せるのが古いかたちであろう。これをもって雛飾りのさらに原初的なかたち、ともいえるのである。

流し雛の場合は、子どもの身についた厄災を流し健やかな成長を願うとする。他にも、白紙のヒトガタで体を撫《な》でて穢《けがれ》を移し、それを流して招福を願う行事が各地にみられる。神社での夏越《なごし》の祓いが一般的な事例となる。また、東北各地に伝わるネブタ流しも、元は撫物《なでもの》（ヒトガタ）であっただろう、とされる（柳田國男《やなぎたくにお》監修『民俗学辞典』）。

夏に行なわれる「虫送り」の行事もそうである。稲につく害虫を藁人形に移し（実際に虫を包みこむところもある）、それを村境まで行列を組んで運び、川に流すかそこで焼くかする。夜、松明《たいまつ》を先頭に太鼓を叩《たた》きながら行列を進める事例が多い。そして、松明も太鼓も害虫を呼び寄せてサカイのソトに追い払うため、といい伝える事例が多い。

こうした村境における邪気悪霊と人びととの、いうなれば知恵比べ。それを人びとの側にたって守護してくれるサイノカミのさまざま。人間―自然系の中で生まれるべくして生まれた素朴な信仰のかたちである。

そのサイノカミのなかに陰陽のかたちもでてくる。その必然性は乏しいものの、村境で性神信仰が派生した跡がみられるのである。

道祖神の多くが双体像

サイノカミ（塞神）として、もっともよく知られているのは、道祖神であろう。これまでも各種の出版物に記事や写真が多く紹介されてきたところだ。

長野県・群馬県・山梨県、神奈川県、それに静岡県東部にかけての濃厚な分布をみる。サイノカミ・サエノカミというところもあるし、ドウロクジンというところもある。村境に祀られている事例が多いが、辻・峠・橋のたもとなどに祀られている事例もある。

現在《いま》、一般的に道祖神とみるのは、単体か双体の人物が彫られた石造物である。しかし、それらの年号を確かめてみると、近世以降の石造物である。墓石をみてもわかるが、近世になって民衆社会にも手のこんだ石造物が普及をみたのだ。それ以前は、形を整えた石や幣《ぬさ》が塞神として置かれていた、とみることができるであろう。残存例は少ないが、甲府盆地あたりには円石道祖神とみられる事例もあるのだ。

甲府第二高等学校社会研究部編『図説　甲斐の道祖神』では、球形とか円柱形とかに形を整えた石の密集地は笛吹《ふえふき》川とその支流河川に沿った一帯である、とする。それを、道祖神と呼ぶところもある。しかし、そこでも紀年銘の明らかなものは、すべて一八世紀（江戸中期）のものである。それが、絵巻物（『信貴山縁起絵巻』）にみられたような古いかたちを伝えるものか、江戸期にその地域にかぎっての何らかの変異が生じて祀られだしたものか、その究明はむつかしいところである。

塞神として道祖神を祀る歴史は、古い。そして、時代ごとに変化も生じる。柳田國男監修『民俗学辞典』では、次のように説く。

村の辻・橋畔などの古いサへの神の祭場は、祭が絶えて後も或は塚や叢を存して、その禁忌感のみが残つて祟りを説く種々の伝説が発生し、またそこは人馬の往来の繁く、子供の集い遊ぶ所ともなり、或は市などの開設とも関係するため、道祖神は村人の運命を知り、縁を結び、子供と特に親しい神ともなつている。正月十五日の左義長をサイトバラヒ・サイノカミカンジンなどといつてこの神の祭とし、子供が中心になつておこなつている村々は多い。（旧字は新字に改めた）

では、現在たどれるところで、道祖神はどのような形で祀られてきたか。

道祖神についての報告例は、あまたある。とくに、経済の高度成長期（昭和四〇年代）のなかで、旧来の民俗文化が後退、消失する恐れがあるとして各県が（文化庁と連携もしての）緊急民俗調査を行なう時流もあって、長野県や山梨県・神奈川県での事例報告（出版）が相次いだ。その一部を巻末の参考文献としてもあげているが、その何倍もの報告例があるのだ。

そのなかで、戦前（第二次世界大戦前）からの現地踏査経験をもって、あらためての広範な考査を行なったのは、武田《たけだ》久吉《ひさよし》『路傍の石仏』（一九七一年）と山田《やまだ》宗睦《むねむつ》『道の神』（一九七二年）である。道祖神研究の先駆をなすものである。

そして、もっとも多くの事例にあたって整理・報告をなしたのは伊藤堅吉《いとうけんきち》氏（一九〇八〜八七年）であろう。民俗学専攻者と名のり、そのコレクションを富士博物館（一九五四年に井出公済氏と共に設立）に収蔵して分類・著作に励んだ。その著作は、『日本粉食考』『河口湖畔船津今昔物語』『富士山麓民俗』（三巻）『石神の性典』『路傍の性像』『道祖性神』など三〇点以上を数える。

伊藤氏とは世代が違い、その存在を知りながら会うことはかなわなかった。その膨大なコレクションを収蔵していた富士博物館も閉鎖、そこにあった資料もたどれない状態にある。また、伊藤氏に師事して『道祖神のふるさと――性の石神と民間習俗』という共著をもつ遠藤秀男氏もすでに鬼籍に入られている。まことに残念なことである。

しかし、その一連の著作は、現在《いま》となれば貴重な資料である。それ以上の調査密度の濃い資料はない。むろん、現代では、それ以上の調査はできない。本編でも、それを参考にすることになる。というか、その調査内容にしたがうことにする。

『道祖性神』（昭和四四＝一九六九年）での調査（掲載）件数は、長野県一〇六九基・群馬県五四二基・山梨県三五五基・神奈川県一〇八九基・静岡県五三二基である。それぞれに、所在地、碑型、大・中・厚、性別、持物、紀年号が付記されている。もちろん、それがすべてではないが、調査総数は、三五八七基にも及ぶのだ。分布の濃淡や形態の傾向は、十分によみとれるであろう。

たとえば、一般には道祖神の本場は長野県である、との印象が強かろう。書物でも、そう断じる例が多い。ところが、ここでは神奈川県下での分布がより濃いのだ。これまでは、神奈川県下での道祖神についてはさほどに注目を集めなかったが、この数字を無視することはできないだろう。その理由は、何か。興味あるところだが、歴史を近世にさかのぼって検証するのは、これも容易なことではない。が、信州と相州は、古くからの交易路で密接につながっていたことに注目しなくてはなるまい。

海に通じる交易路である。信州から海に通じる路《みち》は、大別して三通りがある。その一は、伊那谷を天竜川沿いに南下して遠州灘《えんしゅうなだ》に通じる路である。北上すれば塩の道、その北端が塩尻《しおじり》である。その二は、甲府盆地から富士川沿いに南下して駿河湾に通じる路である。北上すれば魚の道、甲州名物とされる煮貝が生じもしたのである。そして、その三が甲府盆地から東へ甲州街道を往き、相模《さがみ》湖畔を相模川に沿って南下して相模湾に通じる路である。これは、絹の道であり、その中継地として八王子や相模原が発達した。明治以降は、横浜に通じる路が主流となった。

信州と相州は、とくに江戸時代において人や物資の往き来が盛んであったのだ。したがって、信州が発端だったとしても、道祖神信仰が相州にも広がっていったことは十分に想定できるのである。

ここでとりあげているのは、男神と女神が双体の道祖神である。総数が三五八七基。一方に、単体の道祖神もある。が、それらは多数ではない。圧倒的な多数をもって、各地で双体の道祖神が主流となるのである。

それらは、石造物である。自然石に双体を浮彫りにしたもの、自然石の中央部を円盤状に均《なら》してそこに双体を浮彫りにしたもの、厨子《ずし》形や屋根つきのものなど、さまざまな形態がある。

そこには、紀年号が刻まれたものも少なくない。何と、六九一基。全作の約二割が製作年が明らかになるのだ。そのなかでは、寛文九（一六六九）年の銘がもっとも古く、神奈川県秦野《はだの》市戸川での双体が並列に立った道祖神像がそうである。その後も江戸期の銘が刻

年号の刻まれた双体道祖神　山中に放置された道祖神であるが、製作年が表に刻んである（神奈川県清川村）

まれたものが多くでてくる。約八割方がそうである。石造道祖神は、江戸時代の流行、とみてもよかろうか。さらに近代を経て、新しいところでは昭和の年号もある。一六基あるうちほとんどは戦前（第二次世界大戦前）の銘であるが、戦後の銘も四基ある。もっとも新しいものには、昭和三六（一九六二）年の塩尻市の元町芦ノ田に立つ男女抱擁型の道祖神像がある。

そのことは、この地方でいかに道祖神信仰が根強く伝承されてきたかを如実に物語っている。先述もしたところの明治初年の太政官令（金精神の廃棄）などの風紀取締まりは、ここにはほとんど及んでいなかったこともわかる。この地方の人たちにとって、道祖神はあくまでもサイノカミ（塞神）。それをコンセイサマ（金精神）と呼ぶこともないし、むしろ猥雑《わいざつ》な造形物とはしなかったのである。

双体像にみる抱擁・接吻、さらに性交

伊藤堅吉『道祖性神』に収録の全三五八七基のなかをあらためて分類してみると、男女が離れて立つのが一二三七基（伊藤氏は、これを並列像という）。約三分の一にあたる。合掌する姿が多く、手に笏《しやく》や幣《ぬさ》を持つものである。神像というのがふさわしい。

それらは、誰彼を模して祀ったものか。伊藤堅吉氏は、往く先々で聞き確かめようとした、という（伊藤堅吉・遠藤秀男『道祖神のふるさと』）。しかし、九割方の人びとが首をか

しげながら答えをためらった、という。

そのなかで、約一割の人が答えた祭神が二通りであった。その一は、猿田彦命《さるたひこのみこと》と天鈿女命《あめのうずめのみこと》。また、その二は、伊邪那岐神《いざなぎのかみ》と伊邪那美神《いざなみのかみ》（原文では、伊奘諾神・伊奘冉神）。『古事記』『日本書紀』に登場する神々である。伊藤氏は、前者を山梨県笛吹系・長野県天竜系と位置づける。また、後者を神奈川県足柄《あしがら》系と位置づける。何を根拠としての伝承なのかは明らかでないが、ある時代に識者が説いたことであろうか。そうした傾向もある、とみるしかないだろう。そして、その少数例をもって系列化をはかることにも少々無理がある、といわなくてはならないだろう。

むしろ、「何神様かは知らねども」、というのが民俗信仰の実態というものだろう。祀ってはいるものの特定の神仏名がでてこないのがふつうで、それはそれでよろしいのではあるまいか。それでも、境を守ってくれるありがたき道祖神なのである。

次に、残り半分の双体像とは何か、である。

全三五八七基のうち約三分の二に相当する（二三五〇基）のが双体が肩を触れ合うばかりに接近した石像彫刻（伊藤氏は、これを添列像とする）。親密に接近した男女像である。

そのなかでもっとも多いのが、手をつないだ立像である。四四五基ある。手をつなぐ、といっても、お手てつないで歩くかたちではない。しっかりと握手をしたかたちが多い。まるで胴締めをするかのように、しっかり手を握りあったかたちもある。いずれも、正面を向いての双体像である。顔の表情を克明に刻んだものは少ないが、頬がふくよかで目が細くややつりあがった仏像面を模したと思えるものが多い。

その親密さをさらに進めたのが、抱擁のかたちである。握手したかたちと厳密な区別ができないところもあるが、片手が肩にまわったり腹部にさわったり、顔が向きあったり微笑みあったりするところで親密さを深めている。この抱擁のかたちが四〇七基あった。

次に多かったのが、酒器を手に持った双体像で、三八二基。男神とみえる一方が盃《さかずき》を持ち、女神とみえる一方が瓢《ひさご》（瓢簞《ひょうたん》）を持つ。笑顔で向きあう立像もあるし、頬すりよせての立像もある。銚子《ちょうし》を手に女神がひざまずいた双体像もある。その形態はいく通りかあるが、二神の間に酒が介在するのが興味深いところである。


神に下戸《げこ》なし仏には上戸《じょうご》なし（『誹風柳多留《はいふうやなぎだる》』）

「御神酒《おみき》あがらぬ神はなし」ともいう。「だます工面《くめん》は酒が入《いり》」ともいう。日本での神々の世界は、私ども人間社会の延長上にあるとしてよかろう。何しろ「神さま」「仏さま」と、さま（さん）付けで呼ぶことに慣れ親しんでいる私たち日本人である。そのもっとも身近なところに、こうした道祖神を位置づけることができるのである。

さて、そこまで親しくなった男神と女神である。

事例は多いとはいえないが、しかし相当数の「まぐわい」の造形がある。伊藤堅吉氏の調査三五八七基のうち性器を露出した石造物が三六基。もっとも、それには陽物にしろ陰物にしろ単体の彫刻物もあり、陽陰二体を並べた彫刻物もあるが、それを合わせた数である。少数ながら、ほぼ各地に分散してみられるのである。

接吻《せっぷん》をしている男女神。抱擁しながらの接吻姿。長野県明科《あかしな》町（安曇野《あづみの》市）と群馬県榛《はる》名《な》町（高崎市）との二基がある。

それは、まだ静的な描写といえようか。明らかに性行為そのものを表現した石造物もあるのだ。長野県下に一基、群馬県下と山梨県下に二基ずつの合計で五基。神奈川県・静岡県の両県下にはない。希少例に相違ないので、あえて強調することはないのかもしれない。しかし、無視して過ごすこともできないであろう。

複数の出版物に写真が掲載もされており、すでによく知られてもいる二基だけとりあげておこう。その一例は、群馬県倉渕《くらぶち》（高崎市）のそれで、自然石に浮彫りしたもので座位での性交姿。女神が男神の首に手をまわし、着物の裾《すそ》を広げて足腰を露《あら》わに陽物（実際には見えない）の位置に乗っている。その上部に「宝暦十辰天　極月吉日　中原村中」との印字がある。それを見るかぎり、その地域での共通の認識、信仰があってのことに相違ない。好事家《こうずか》が奉納したものでないことが明らかになるのである。

もう一例は、長野県入山辺《いりやまべ》（松本市）のそれである。一メートルを超す石碑（幅は、その約半分）で、その正面を平板に均《なら》し、屋根と柱が刻まれ、その内に男神・女神が手を握りあって並ぶ道祖神像が立つ。あたかも額縁の内に納められたレリーフ（浮彫り）のごとくに整った形態である。ただし、ふだんは鉄格子のなかにある。大事に管理するにはいたしかたないことだが、もののあわれを感じるのは私だけだろうか。

そして、その基壇部に、裸体の男女（あえて神とは付けない）が彫られているのだ。何と、正常位で交合する姿が浮彫りにされているではないか。下の女像は、両膝《ひざ》を曲げて上の男像の体にからめているようにもみえる。上部の道祖神像ほどには精緻《せいち》でないが、明らかにそれとみえるレリーフである。

その石碑の側面に刻まれている年号は、「天明六丙天九月吉日」（天明六年は一七八六年）。その天明六年のころは、凶作続きであった、という。そのなかで、これほどに大らかな造形が生まれているのだ。作者は、高遠《たかとお》の石工孫右衛門、と伝わる（松本市教育委員会文化課文化係編『松本の道祖神』）。また、その脇には分厚い扁平《へんぺい》な自然石があり、それは女陰石とみられなくもない、ともいう。

私も、そこを訪ねたことがある。四十数年も前のことで、別の取材を抱えており、ほとんど素通りであった。道祖神についてのさほどの知識ももたず、念入りに確かめることをしなかった。写真のネガも散逸している。そこで、今回あらためて再訪した。鉄格子には驚きもしたが、双体の道祖神そのものは変わりなくたたずんでいることを確かめて安心したことである。

そして、現在《いま》、あらためて多くの写真資料を並べて見ている。

いずれもが、じつに大らかな表情ではないか。すましたり、ほほえんだり。性的な表現があっても、淫《みだ》らな表情ではない。江戸前期のものは、彫刻面の風化が進んで表情がよみとれないものもあるが、江戸後期のものは、おおむねその表情が明瞭《めいりょう》である。

たとえば、信州の松本盆地だけにかぎってみても、相当数の道祖神像が存在する。各地区いたるところに、といっても過言ではないだろう。

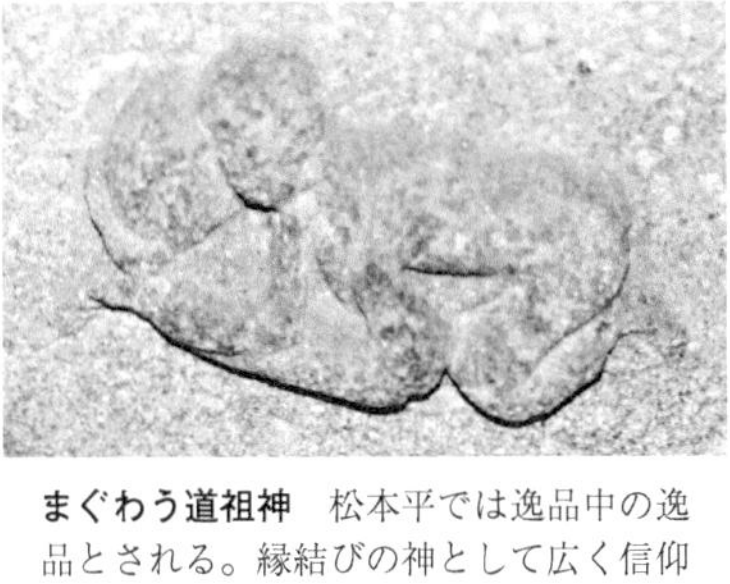

まぐわう道祖神　松本平では逸品中の逸品とされる。縁結びの神として広く信仰を集めた。のぞくには（お参りには）、「お賽銭」をお忘れなく（松本市入山辺宮原）

まず、そこには、「道祖神」と深々彫りこんだ石柱や石板がある。大きなものは、子どもの背丈ほどのものがある。

神像が彫刻されたものは、ここでも双体である。

松本市域でもっとも古い紀年銘は、正徳《しょうとく》五（一七一五）年。さほどに大きなものではなく、簡単な屋根型で、手をとりあった男神・女神が浅めに彫られている。

もっとも多いのは、自然石の中央を円く窪《くぼ》ませ、そのなかに双体を浮彫りにさせたものである。手をつないだ双体・酒器を手にした双体、そして半裸の双体など。しかし、これらは、比較的新しく、昭和の年号もある。

注目すべきは、そこに彩色が施された双体道祖神もみられることである。松本市の西部に点在する。二月初旬、子どもたちによって色塗りがされるのだ、という。

そこに、それを造り、村境や辻に立て祀った人びとの思いが投影されている。その思いとは、サイノカミの伝統からいえば「除災招福」。そうだが、その祈願の詳細は、時代により地方《ところ》によりさらに細かくくだいたところでの真摯《しんし》な思いが加わってもくる。「五穀豊《ほう》穣《じょう》」に「子孫繁栄」。それに「病気平癒」。人びとの真摯な思いが投影されているが、一般にはその由来を詳しく知る必要もなかった。先祖代々が祀ってきたから、と多くの人が答える。それが本音というものであろう。「何ごとにおわしますかは知らねども」「祀ってければ祟《たた》りなし」とするのが日本の民間信仰、としてよろしいのである。

現代に生きる道祖神　信州では、新たな道祖神が造られ祀られている。ここでも双体道祖神が大半だが、性描写はみられない（長野県上田市郊外で）

次に、いつ誰がどのような思いでそれを祀ってきたかをあたってみよう。

多くの神仏が習合

以上は、性神信仰に結びついての道祖神の概略である。

いくつかのところで聞いてみても、そのいわれを知る人はほとんどいない。いつの時代に誰かが記した由来書があるところでも、たとえば、その願目や御利益がひとところにもひとととおりでない。そうしたところが多い。地域ごとにもひとととおりに集約できないのがこの種の民俗信仰、というしかあるまい。

道祖神信仰も、時代により地方により、さまざまな習合を重ねている。サイノカミ（塞神）にかぎったことではなく、幾多の神仏の混淆《こんこう》がみられるのだ。ここでも、伊藤堅吉氏の三五八七基にも及ぶ調査データ（『道祖性神』に収録）にしたがうことにする。

習合したとされる神々は、三五体。その多さに驚くと同時に、そうしたものかと納得もできようか。ただ、いつごろいかなるできごとがあっての習合なのか。それは、伊藤氏の見聞調査をもってしてもほとんど明らかでない。以下は、一部の記述を改字、整文もしたが、その内容はそのまま羅列しておく。

聖　天——大聖歓喜天・歓喜天・大聖天・天尊などの別称をもつ。象頭人身男女二尊が抱擁、立位性交を遂げた像容を基本像とする仏。

庚《こう》　申《しん》——漢土の道教が伝えた信仰、道祖性像には日・月輪、三猿など神使が混淆して彫像されている。

馬頭観音——胎蔵界観音院六観音中の一尊。畜生道の教主で、馬頭を頭頂にいただいている。

秋葉権現——火の神カグツチノカミ（軻遇突智神）が主神。道祖性像では、修験者三尺《さんじやく》坊《ぼう》の神通力の影響を受けた神使白狐《びやつこ》が登場する。

稲荷《いなり》明神——普遍化された農神で、神使狐が性像の一部に彫像されている。

金精明神——金生神・金性神などともいい、陽茎像を依代《よりしろ》とした性神。

福の神——除災招福の神。

地蔵菩薩――釈迦如来《しゃかにょらい》に従属して、無仏世界から六道にある衆生《しゅじょう》を教化《きょうげ》する仏。
大黒天――胎蔵界曼荼羅《まんだら》の天部にあり、梵名《ぼんめい》を摩訶迦羅天《まかからてん》という。
鬼子母神――子育ての神。
山の神――地域により、山の神は男神であったり女神であったりする。その双像が現われても不思議ではない。
田の神――水稲栽培を見守る神で、男神にウカノミタマノカミ（宇迦之御魂神）を女神にトヨウケヒメノカミ（豊受毘売神）を配当して双像としている。
行《たび》の神――道しるべの神。
招客神――男女の情事を除災招福に重ねて陰陽を依代とした粋神。
水神《すいじん》――蛇・鰻《うなぎ》・魚・河童《かっぱ》などを神使とする水を司《つかさど》る神。
立神《たつがみ》――直立する威容の神。しばしば男茎像として祀られている。
疱瘡神《ほうそうがみ》――天然痘を司る疫神。
疫神――厄病神。
産神《うぶがみ》――主神はムスビノカミ（産霊神）であるが、むすび音を男女結縁《けちえん》として双像を刻んでいる。
知夫里神――一名道触神という海路の神。
姫神――比咩《ひめ》神という女神。

合の神—集落境の神。
腰　神—腰女神ともいう地蔵菩薩の権現神。
波己曾神《はこそかみ》—男女の性神。
福守神—木福神ともいう水商売招客の神。
船玉神—海路の守り神。
峠　神—集落境をなす峠の関守の神。
金山神—鍛冶《かじ》技能の神。
淡島神—性病・下の病を治す女神で、住吉《すみよし》明神の妃神。
御絹神—蚕神から変形された男女神。
オシラ様—男女一対の蚕神。
王　神—鎌王《かまおう》神・桶王《おけおう》神という男女一対神。
諏訪《すわ》神—陽根神。
一川明神—男女一対神。
石敢当—除災神。

このうち山の神・田の神・水神などは、習合神とするかどうか迷うところもある。いずれも「五穀豊穣」に深く関与する神であり、もとよりサイノカミに複合していた、とも考えられる。産神も「子孫繁栄」にもっとも深く関与する神であり、同様にもとより複合していた、とも考えられるのである。

合の神や峠神もサイノカミと同類の神で、もとより複合していたはずであろう。

それにしても、多数の神仏の招聘《しょうへい》である。本州の奥深い山間地にあって船玉神や石敢当まで招いているとは。おもしろい習合、というしかあるまい。

明らかに性神としてとらえられるのは、聖天（歓喜天）と金精明神（金性神）である。どれほどの基数があるのかは、このデータではわからない。すでに述べてもいるように、それぞれに単独でも祀られている。ある時代から後はほぼ全国的に分布をみた。これらが、道祖神に習合するのは、いつのころからか。石造の陰陽物や男女像が多くでてくる江戸中期以降のこと、とみるのが妥当だろう。石造物による性の表現が現われたところで、それをさらに因縁化もする物語がでてきたのではあるまいか。

宗教という規範にはない、アニミズム（自然崇拝）というしかない。日本では、日本の民衆社会では、それを長く伝えてきたのである。

そこでの神々は、自在に分身もして天降《あまくだ》りもし地走りもするのである。それは、人びとの要請によってであるが、多くの場合、その手続きはさほどに面倒なものではない。神職や僧侶《そうりょ》が介在するともかぎらない。誰にもわかりやすいかたちで、というのがふさわしい。

右の一覧もそう読んでみてもよいだろう。ただ、深読みは避けるべきだろう（そのことは

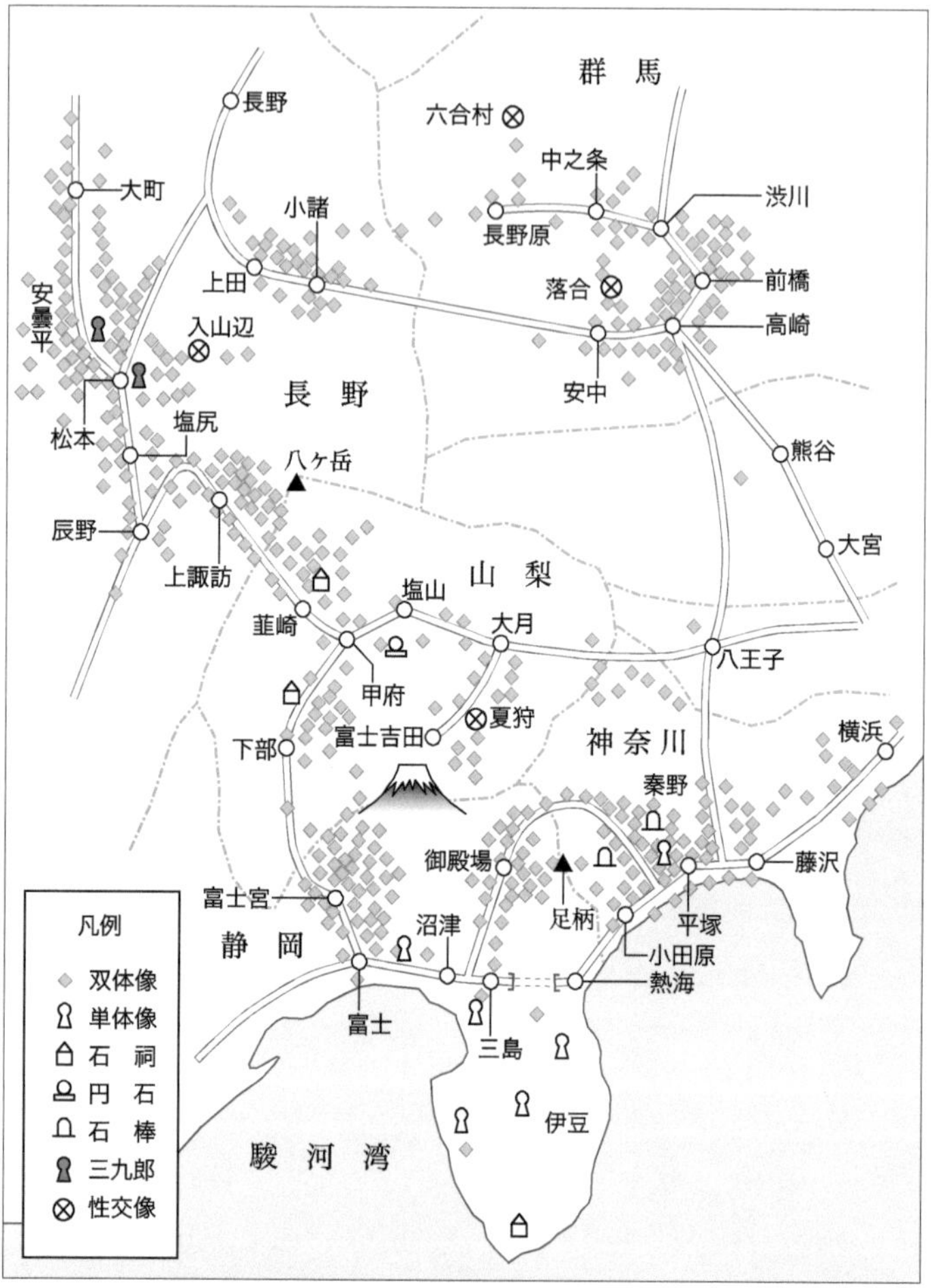

道祖神分布の概略図　伊藤堅吉・遠藤秀男『道祖神のふるさと』での「道祖神分布の概念図」（昭和47年作図）をもとに作成

拙著『旅する神々』に詳しく述べたところだ）。

なお、伊藤堅吉『道祖性神』では、その形態（系列）分類も試みている。

信州―安曇《あずみ》系・善光寺系・千曲《ちくま》系・天竜系・信濃《しなの》八《やつ》系（八ヶ岳の山麓《さんろく》）／甲州―国中《くになか》系・郡内《ぐんない》系・久那土《くなど》系・笛吹系・甲斐《かい》八系（八ヶ岳と南アルプスに挟まれた山村）／上州―赤城《あかぎ》系・榛名《はるな》系／相州―足柄系・秦野系／駿州―大宮系・御厨《みくりや》系。

これも、労力を注いでの系列分類に相違ないが、ここではそうした分類法もあるという紹介だけにとどめておく。ここでは、旧五国（五州）、そのなかでの地域ごとにさまざまな事由があり、さらに相互の影響もあって道祖神の擬人化や性神化がなった、と大くくりでとらえておきたい。

小正月と道祖神まつり

道祖神は、どのように祀られてきたのか。信州から関東各地でみると、小正月の行事と重なる事例が多い。つまり、一月一五日前後のいっぱんにはトンドとかドンド、あるいは左義長《さぎちょう》と呼ばれる火まつりと重なるのである。

小正月は、いくつかの辞典（事典）を照合してみると以下のような歴史がたどれる。古く月の満ち欠けで生活暦を測っていた時代では、満月を月のはじめとする。望《もち》の正月である。現在小正月といっているのは、その名残であろう。それが、時代とともに、朔日《さくじつ》正月が加わってしだいに実質的な正月（大正月）となった。そして、小正月は、付属的に扱われるようになった。

『守貞謾稿《もりさだまんこう》』は、「近世風俗志」と評されて版を重ねているが、そこでは次のようにいう。

また京坂ともに十五日に、門松・注連縄《しめなわ》を取り除くなり。江戸も、昔は今日なり。大坂は、門松・注連縄の類を諸所川岸等に集め積みて、十六日の暁前にこれを焚きて、左義長《さぎちょう》の義を表す。これを焚くを坂俗は、とんどと云ふなり。

「これを焚きて、左義長の義を表す」、という一文に注目したい。旧来の左義長行事は、別にあって大坂系のとんどがそれに重なった、と読めるだろう。なお、「坂俗《はんぞく》」とは、大坂の風俗の意である。

一方で、民間にあった呪術《じゆじゆつ》的な年始めの行事は、旧来どおりに小正月に行なわれることにもなった。年占《としうら》（代表的なものは粥占《かゆうら》）・粟穂《あわぼ》稗穂《ひえぼ》（稲作以前の穀物の穂垂《ほだれ》を作る）・削掛《けずりかけ》（花の形を作ったものだが、養蚕が盛んになると繭玉《まゆだま》を模すようにもなった）・成木《なりき》責め（大正月明けに移行したところもある）などである。いずれも、豊作を祈願しての予祝行事である。

御田植神事も、花田植・大田植のように田植えどきに行なわれるものもあるが、小正月前後に行なわれる模擬的な事例が多い。現在も、板橋（東京都）で二件の田遊び・西浦《にしうれ》（静岡県）や田峯《だみね》（愛知県）の田楽《でんがく》・奈良県下での御田《おんだ》（御田祭りとも）などがよく知られている。

道祖神とトンド　相州から甲州・信州にかけては、小正月のトンドに道祖神祭りを重ねているところが多い。ここでの陰陽も、道祖神とされてトンドの火の前に置かれる（神奈川県相模原市）

さて、古語で左義長という火まつりである。現在では、正月（大正月）の飾りものや鏡《かがみ》餅《もち》を焚《た》きあげるトンド（ドンド・ドンドンとも）が混同されて一般的であるが、本来の左義長は別である。

といっても、左義長については諸説ある。いちいちの紹介は省くが、もっとも通説化しているのは、「三毬杖《さぎちょう》」を語源とする説であろう。三毬杖、つまり三本の毬杖《ぎっちょう》である。毬杖は、ステッキ状のもので遊具にもなるし打具にもなる。中世には、高尚な贈答品でもあった、という。

『徒然草《つれづれぐさ》』には、それが折れたり傷ついたものを神泉苑《しんぜんえん》で焼いた、という記述もある。それが火まつりとなったのだろう、と短絡視はできないが、神具や仏具の火勢が天高く燃えあがるのが厄払いになるという伝承は各地に伝わることである。柴灯焼《さいと》（斎灯焼）と呼ばれるゆえんである。

『難波鑑《なにわかがみ》』に載っている「左義長の風流」をみると、藁を三角錐《さんかくすい》状に積み、笹竹を立てたその上部を注連結びに縛り、下方から火をつけている。さらに、そのまわりで男たち（三人）が笛を吹き、鼓を打ち、踊っている。そうした左義長の行事があったのだ。

子どもたちと道祖神

その様式は、信州は松本周辺における「三九郎《さんくろう》」からも連想が及ぶ。

「三九郎焼き」は、小正月の行事である。正月に用いた門松や注連縄を持ち寄って円錐《えんすい》形に積み上げて、その中心に松の小木を立てる。その形態は、『難波鑑』にみるそれとまことによく似かよっているのである。そこに、不断の連続性がみてとれる。

あるいは、二本の枝木を立ててその中間に棚を設《しつら》えて御幣を立てる。まわりに、花飾りで囲った梵天《ぼんてん》を立てたりもする。観光地である野沢温泉で、それはひときわ盛大である。それが、道祖神の祀ってあるところ、その近くで行なわれるのである。

なお、三九郎とは、すなわち道祖神ではない。道祖神に喜んでもらうための道化役として設定されているのである。
それは、そのまわりで祝い囃《はや》すざれ歌がよく表わしている。これをもって、道祖神に睦ましく感応してもらおうとする。信州各地に伝わっていた。ただし、楽や踊りを伴った風流ではない。若者や子どもたちがにぎやかに歌う「三九郎歌」である。ところどころで歌詞がおかしく変化もする三九郎歌である。いずれも卑猥《ひわい》なざれ歌であった。

三九郎　三九郎
嬶《かか》さのべっちょなんちょうな
周り周りに毛が生えて（以下、略）

三九郎　三九郎
ゆうべ生まれた亀の子が
ととさのちんぼに喰いついて（以下、略）

三九郎　三九郎
じっさばっさ　孫つれて
団子焼きに来ておくれ（以下、略）

（伊藤堅吉・遠藤秀男『道祖神のふるさと』より）

後半の歌詞は割愛したが、これを芸者衆や若者たちはともかく、子どもたちが歌い囃すのである。大らかなものだ。道祖神を祀る前での左義長では、子どもたちが主役となるところが少なくなかったのである。

それにしても、三九郎とは、いつのころ誰がつくりだした道化役か。もちろん、確たる伝承がない。二又や三ツ又の木で人形を造り、墨で顔や男根や女陰を描いた三九郎（人形）もある。それを小正月に囃したてて焼くところもあるのだ。

三九郎は、性神ではないが、陰陽を讃《たた》えての性神の眷属《けんぞく》に相当するだろう。男女双体の道祖神を讃《たた》えての眷属にも相当するだろう。ならば、人びとの祈願を道祖神につなぐ存在でもある。その人びとの祈願とは、ここでは子孫繁栄を願ってのことではないか。それも、「嬶さのべっちょ」「ととさのちんぼ」、それに「孫つれて」をつないでみれば、ただの子宝授かりではなく家系代々の繁栄を願ってのこと、と読みとることもできるだろう。それを穢《けがれ》なき子どもたちが歌うことに、何ら不都合はなかったはずなのである。

もっとも、近代以降に学校教育が定着するにつれ、教育上よろしくないとして子どもたちを遠ざけることにもなった。とくに、昭和も戦後（第二次世界大戦後）は、そうであった。歌詞を変えたところもある、という。

三九郎の伝承とは別に、「道祖神まつり」は「悪魔っぱらい」である、と伝えるところも少なからずある。道祖神をサイノカミとすれば、当然のことだ。本来は、そうでもあっただろう。これも、その多くは、その日（あるいは前日）に子どもたちが家々を廻《まわ》って囃すのである。とくに、神奈川県下の小正月では、近年までよく伝えられてきた。

舞込め舞込め　はたからすみまで　悪魔祓ってなー　福の神舞いこんだ
えー　悪魔っぱれー　悪魔っぱれー　めでたいことに福がある
えー　悪魔っぱれー　悪魔っぱれー　めでたいことに福がある　オイベっさんという
人は　一に俵をひんまいて　二でにっこり笑って　三で酒をひん飲んで

（前掲『道祖神のふるさと』より）

そして、訪問した先々で子どもたちは何がしかの駄賃をもらう。その楽しみが、道祖神まつりを代々つないできた、ともいえるだろう。

長野県下にも、歌詞がほとんど同じ悪魔祓いの囃し歌がある。

もっとも、小正月での悪魔祓いは、全国的にも広く共通するのである。東北各地でのカセドリ・カセギドリ、ホトホト・ヘトヘト・コトコトなどに相通じる。訪問先での唱え言葉はともかく、そこでも子どもの神聖性が尊ばれてのことである。

信州の道祖神と子どもたちとの関係について、おもしろい報告もある。明治四二（一九〇九）年の『風俗画報』（三九五号）に掲載の「道祖神に就きての迷信」（小山毎水生）である。

此道祖神に就《つ》きて面白き迷信あり、小児の百日咳等の時此神に願《ぐわん》を懸ければ利益《りやく》ありとて、小児を持てる親達などの能《よ》く願懸《ぐわんかけ》することとなり、而して其願果しとしては、彼道祖神に化粧《けしよう》をなしやることとなり、（中略）即ち其神の利験《りけん》ありたる為めに報酬《ほうしう》の化粧に預りたる験《げん》なりと云ふ、信州の道祖神如何に御洒落《おしやれ》なることぞや。

（旧字は新字に改めた）

道祖神をして風邪の神とする。それを主流とするわけにもゆかないが、そうした逸話もあったのだ。

子どもたちによる道祖神への化粧がけは、現代にも伝わってもいる。私が確かめたのは、松本盆地の西部地域の集落（複数）であった。さすがに、その彩色からは猥雑な印象を感じることはない。

道祖神に子どもたちが化粧を施すのは、二月八日のころとするところが多い。それは、月遅れの小正月行事とみるのか、初午《はつうま》行事にちなんでのこととみるのか、はたまた節分の事はじめと関係するとみるのか。それはともかくとして、子どもたちが主役の行事である。

道祖神まつり　松本平でも西部の集落では、彩色した道祖神を見かける。２月初旬に子どもたちが集まって色塗りを行なうのだ。そして、１週間ほどおいた道祖神まつりの日には、幟をたてたリヤカーを「チャンチャンリース」と囃しながら引き回す（松本市島立永田）

子どもたちに託した行事である。

　信州・甲州・相州のあたりでは、秋まつりの日でも道祖神の石像を境内にはこんで立てるところもある。また、小正月の行事では、道祖神を火に焼《く》べるところもある。ところどころで、さまざまな祀り方があるのだ。

　その道祖神は、双体道祖神が多い。男女の婚いを表わすものも少なからず存在することは、すでに述べたところだ。その前で、おもしろおかしくではあるが性器やその絡みあいを歌うことは何ら不純なことでもなかった。子どもの参加もそうである。この地方の先人たちは、そうした共同認識をもっていただろう、と思える。

　小正月の左義長を道祖神まつりと呼ぶ。もちろん、農作豊穣の願いもあった。行旅安全の願いもあった。しかし、より子孫繁栄の願いが表出することになった。ゆえに、長野県下でみられるような、道祖神の前に木の枝で作った男女の叉木《またぎ》人形が供えられてもいるのである。

　他の地方にはみられない、道祖神文化圏における小正月行事なのである。

　総じて道祖神まつりは、小正月とつながってきた。しかし、二月初旬にそれを行なうところもある。二月初旬というと、初午《はつうま》（陰暦）と重なる、とみることもできる。たとえば、松本平での道祖神まつりがそうである。そこでは、子どもたちが活躍する。そのところでは、小正月での道祖神まつりとも共通するのである。

柳田國男『石神問答』から

ここにとりあげた道祖神は、その形態や表情はさまざまであるが、ほとんどすべてが石造物である。東北地方には藁製の道祖神が多く分布するが、信州・上州・甲州・相州、そして駿州あたりの道祖神はそうである。

それらは、刻字されている年号からすると、江戸期以降のものである。江戸も中期以降のものが多いとは、これまでにも述べてきたところである。

なぜ、これほど石造道祖神が広まったのか。その技術面での写実的な表現からすると、木造物も同等にみられるであろうが、人びとは石造物を尊んだのである。単純に解くならば、それは木造物に比べると耐久性があるからだろう。野外であれば、断然たる優位となる。

さらに単純に解くならば、そのあたりで加工に適した石材が産出したからだろう。安山岩・花崗岩・石英粗面岩など。木造や藁製の道祖神をもつ東北地方との違いも、そこにある。

そして、二義的な優位性も加えるならば、同等の規模であれば木造物より重量があって動かしにくい。つまり、盗難にもあいにくいのである。以前は、石造物が盗まれることはほとんどなかっただろう。ところが、自動車が普及すると、盗難が増えた。地蔵や馬頭観音などとともに道祖神も古物商で売られることにもなった。そこでの石造の優位性は、幻想と化しもしたのだ。

いずれにしても、本州中央部にあっての道祖神は、石造物であった。ところによって、ドウロクジン（道禄神）ともサイノカミ（塞神）ともクナドノカミ（岐神）とも呼ばれた。しかし、それを「石神」と呼ぶ事例はほとんどなかった。だが、広義には、石神のなかのひとつである。

ここで、あらためて柳田國男《やなぎたくにお》の『石神問答《いしがみもんどう》』（『定本柳田國男集』では第一二巻）のページをくってみることにする。

『石神問答』は、柳田國男がシャグジ（石神）の信仰に注目したところで、当時の識者と手紙をもって意見を交換した「書簡集」である（初版本は、明治四三＝一九一〇年に刊行）。その相手は、山中笑《やまなかえむ》（筆名は「共古《きょうこ》」）・白鳥庫吉《しらとりくらきち》・喜田貞吉《きたさだきち》・佐々木繁《ささきしげる》ら八氏。なかでも、山中笑氏とのやりとりがもっとも多かった。全三四通の書簡のうち、一八通が柳田・山中の間での交換なのである。

柳田より年長の山中氏は、駿州吉原（静岡県）に在住の土俗学（のちの民俗学）の論客で、丁寧でありながら忌憚《きたん》のない返答をしている。この石神問答は、山中氏なくしては成り立たなかったであろう。

柳田國男は、はじめ関東から西国各地に分布するシャグジという呼称に注目する。

山中笑（以下、敬称は略）への第一信で「石を祀る故石神なりと云《い》ふ説は新しく且《また》有力に候へ共信じがたき点有之候」（旧字は新字に改め、ルビを付けた。以下同じ）といっている。さらに、「兎《と》も角も其語が日本語で無いことだけは確ならんと存じ居《おり》候が御見込如何《いか》にや」と問うのである。

それに対して、山中笑は、石棒が神体である富士郡（現、富士宮《ふじのみや》市、富士市）の事例をとりあげて、「右石神よりオシャモジと相成」と答える。さらに『江戸名所図会』の記述にもふれて、「愚考はオシャモジ様は石神様のこと丶存じ居候」と答える。

柳田國男は、自論を整理する。

「大多数のシャグジは石神とは書かざること」
「石神は後世からのあて字らしき節々」
「シャグジにして石を祀らざるもの多きこと」
「石を祀りてシャグジと言はぬもの亦《また》多きこと」

そして、シャグジ（山中説のシャクシ・シャモジ）が石神ではないことを暗に反論するのである。

「大昔石を祀るの風ありしことは疑なく候へ共　石を祀るが故に石神即ちシャグジなりとはちと申じにくきやう考へ申候」

山中笑も、オシャモジ（石棒＝石神）に固執する。

「石神がオシャモジ杓子《しゃくし》に転ぜしと存候ことは音の通転し易き為に候」

「オシャモジ様に何を祈願するかと言へば　多数は子供の病気殊に咳《せき》　又は良縁安産等にて男子に関係せしものに非《あら》ず」

「婦人の祈願より子供へ移り候こと丶存候　これ石棒を陽形と見なせしより良縁懐孕《かいよう》安産等を祈願せしことと存候」

そして、なかでもオシャモジと呼ぶ石棒にこだわるのだ。

「甲斐中巨摩《なかこま》郡下高砂村に傘《からかさ》地蔵と云ふありて　安産の守仏とて祈る者多く　且《かつ》此村には産のあやまち無之由　此地蔵尊の背に開き戸ありて本箱のふたの如く内には一尺八寸の石棒蓮座にはめ込みありしを一覧致せしことあり　これも陽形に見立てしが故と存じ候が  の形つぼめし傘の形故かくは唱え始めしこと丶存候甲斐には沢山に新古の石棒御座候が　此等は道祖神として祀られをり候」

「小生自説を申す訳では無之候へ共　今の処何とも他に証を得る程のこともなければ　御説には候へ共服し兼候」と、一歩も譲らないのである。

ここで注目すべきは、その呼称はともかくとして、山中が陽形の石棒を図示して説くことである。そして、それが道祖神としても祀られている、と説くことである。

「名称の転訛《てんか》より来りしものにて　石棒を神体とせし故　石神よりシャクシと成り再転シャモジと相成　飯杓子を納め候やうに相成り候事と存じ候　此類の第一は品川のオシャモジ様に御座候」

「右の名称転訛の系図を引来りしものは　祈願の目的は良縁懐妊を第一とし　後には子育や子供の咳などの病気を祈りて霊験あるやうに信じ候に至りしこと、被考　全く

此形より起りしものにて　リンガ崇拝の部類に入るべきものと存じ候」

柳田國男は、少し自論をやわらげる。

「シャグジは一般には祈禱の神ではなく　地主、鎮守乃至《ないし》は産土神の類なるべしと存

じ候ひしに　婦人の病を祈り又は子を祈り候やうの風広く行はれ居候とならば　成ほど再考を要し候」

しかし、なおも持論を譲らない。『延喜式』の神名帳《じんみようちよう》にある石神社をあげて、説く。

「此時代には石神は音読せずしてイハガミ又はイシガミと申せしことは色々証拠有之候」

「さ候へば近世となりては石神シャグジは同じ神とせしことは疑なく候」

山中笑も、あらためて駿州・遠州、さらに東京のオシャモジ様の事例をあげて、それが木製の飯杓子にも通じる、とする。

「道祖神と生殖器崇拝との関係は　近き頃まで諸方に御座候ことに候が　夫《それ》は石棒を道祖神の神体とせしが始にて　石棒の形成物に似たるより　此の如く移り行き　終《つい》にはオシャモジ様とも申すやうに相成候事と存じ候」

以上のような問答が何通もの書簡を通して続く。相互の所見が平行して続く。というか、すれ違う。もちろん、論争が目的ではない。相互に豊富な知識を交換する。じつに読み応《ごた》えのある自論の交換で、読むにつれ両先人に対しての敬意が深まっていくのである。

なお、柳田國男は、山中笑との最終書簡で、シャグジ・サウヅについてショウジ・サク・サキ・ソクなどの類似発音の地名や障神（サエノカミ）にふれて、「亦日本語にて」と初信での仮説を訂正もしている。しかし、「石神とは直接の連絡無く」と、石神否定では一線を画したままであった。

ところで、山中笑が説いてきた石棒がシャクシ・シャモジをもっての石神系、というところにもう一度戻ってみたい。石棒信仰のなかで、男根形のそれをとりあげている。柳田に対して、二度までも図示して石棒・道祖神系では「リンガ崇拝」が無視できない、と説いている（リンガとは、ヒンドゥー教で崇拝された男根形の石柱）。

これに対して、柳田は、ほとんど反応を示していない。それぞれの立場の違い、というしかないが、おもしろい対比である。まさか、明治政府による風紀取締まり（その代表的な通達が、明治五年の金精神像の取払い）を意識してのことではあるまいが、官僚的な政治や学問がその種の話題を避けてきたことは歪《ゆが》めることのできない事実である。柳田國男においては、以後もそうした傾向があったようにおみうけする。

柳田は、山中に直接の反論は示していない。ただ、伊能嘉矩《よしのり》宛ての書簡のなかで、「小生は男柱形の塞の神に由あること古き物に見えず候故　之を手向とする信仰は寧《むしろ》後代の発生ならんと存じ居候へ共」としている。さらに続けて、「山中翁の如きは前住民の遺留せし石棒を天然の所産とし其神怪に驚きて之を崇敬するに至りしは却りて和合神像を斎《いつ》きしよりも前にて彼は此の本源なるやうに申居られ候」、とまでいっているのだ。

となると、石神の古称についても石棒信仰の祖型についても、両者の対立が深かったともいえるのである。

本書では、石造の道祖神は、そこへ刻字された年号からして江戸期以降のものが大勢、としてきた。それは、柳田國男がいう石棒を含んでの石神が古くにはさかのぼれない、という視点に重なる。しかし、一方で、これも第二章でとりあげたような巨大な自然石の陽石、あるいは陰石も存在するのだ。それは、中世、あるいはそれ以前までにさかのぼってまで想定することができる。そのところにおいては、古くからシャモジ・シャクシ（石棒）系の性神信仰があった、という山中説の視点にも重なる。

いずれもありの「石神問答」としておこうか。

第五章　民俗芸能にみるまぐわい

「まぐわい」は、民俗芸能にも投影されている。

もとは、信仰があっての芸能化である。しかし、時代を経るにしたがい、またそこに集まる不特定の人びとの視線を意識するようになるにしたがい、信仰を軽視するともなくさらに芸能化が進むことになる。それは、村落社会に娯楽をも供する民俗芸能の宿命のようなものである。

神楽がよい例である。神楽の語源は、カクラとされる。カミクラともいい、「神座」の音略である。ということは、神が鎮まるところでの、また神を鎮めるための呪術《じゆじゆつ》的な「おこない」にほかならない。

神話では、天《あめ》の石屋戸《いわやど》に隠れたアマテラスオオミカミ（天照大御神）の再現を願ってのアメノウズメの命《みこと》（天宇受売命）の舞がそうである。「小竹葉《ささば》を手草《たぐさ》に結《ゆ》ひて、天の石屋戸に槽《うけ》伏せて蹈《ふ》み轟《とどろ》こし、神懸《かむがか》りして」とある（倉野憲司校注『古事記』）。ここで、あらためて注目しなくてはならないのは、「神懸りして」。神話ではあっても、当時（『古事記』の成立は、和銅五＝七一二年）においての神楽のひとつの条件としての認識であった、とみてよいのではなかろうか。もっとも、それを八百万《やおよろず》の神々が「高天の原動《とよ》みて」「共に咲《わら》ひき」（同上）、アマテラスオオミカミが不審に思って天の岩戸を細めに開いたことでもある。これを神楽のはじまりとする通説もあるが、ままこれは神々の物語としておこう。

明らかに史実にもとづく神楽のひとつは、宮中の内侍所《ないしどころ》の御神楽《みかぐら》である。その成立は、平安時代中期とされる。これは、人長《にんじょう》という宰領格のもとで阿知女作法《あちめのわざ》にはじまり、採物《とりもの》歌や催馬楽《さいばら》を奏し、倭舞《やまとまい》や猿楽《さるがく》などが舞われる。祈禱《きとう》というより精霊を鎮めることに重きがある、とされる。そして、その系譜は、現代では、伏見稲荷《ふしみいなり》大社・石清水八幡宮《いわしみずはちまんぐう》・鶴岡《つるがおか》八幡宮の神楽に伝わる、とされる。それらは、粛々たる神楽で、観る人の笑いや手拍子を誘うものではない。私たちがなじんでいるところの民俗芸能の神楽との違いが、そこにみられるのである。

神楽のなかでの絡み芸

民間での神楽は、多様な発達をみる。中世において田楽《でんがく》や猿楽の影響を受けて派生したものが多いとされるが、近世になると仮面や採りものをともなって演劇化も進めることになった。とくに、仮面を用いるところで多神格の神々を演じ分けることができる。山伏神楽・里神楽・番楽《ばんがく》・獅子《しし》神楽など、神話や伝説に基づく神楽が各地で派生したのである。何々神楽と名のる現在に至るその数は、少なくみても数百は下るまい。

そのなかで、男神と女神の「絡《から》み」を表現する演目も生まれ現在に伝わっているのである。さすがに、「まぐわう」というまでの淫《みだ》らな表現ではない。絡み芸というのがふさわしかろう。そして、それは、諸々《もろもろ》の神楽に共通する主題でもない。全体からみると、例外的な展開でもあることをことわっておかなくてはならないだろう。

①高千穂《たかちほ》神楽の「酒こし」

旧高千穂郷（宮崎県高千穂町・日之影《ひのかげ》町・五ヶ瀬《ごかせ》町）には、夜神楽《よかぐら》の伝統がある。一一月から翌年の二月ごろまでの間に、三〇ヵ所以上の地区の氏神や集落神の祭礼で夜っぴいて演じられるもので、総じて高千穂神楽（国の重要無形民俗文化財）という。かつては、ほぼその地区ごとに「ほしゃ」（神楽の舞手）が揃っていた。近年は過疎化が進んだところもあり、番数を減らして夜神楽から昼神楽に転じたところもある、という。

夜神楽のほとんどでは、三三番の神楽が演じられる。大殿（神楽のはじめの舞）・神降し・鎮守（神鎮め）などの神事舞にはじまり、弓正護（悪霊払い）・岩くぐり（剣の舞）・地割り（神主とサルタヒコの神＝猿田彦神の問答）・七奇神（オオクニヌシの神＝大国主神、その親子の舞）・蛇切り（スサノヲの命《みこと》＝須佐之男命の大蛇《おろち》退治）などの演目が続く。最終段は、岩戸五番で、アメノウズメの命（天鈿女命）やタヂカラオの命（手力男命）らによる天岩屋戸開きである。そして、その後の最終三三番は、紙の飾りものを取りおろす雲下しで閉じる。

そのなかでの一六番の「酒こし」に注目しよう。「本花」というところもあるし「五

イザナギとイザナミの「酒こし」 観光神楽では、最後に舞台の前端で抱き合うことで、笑いを誘う。それは、観客サービスとしても、ここではくどくどと解説がつかないのが好ましい

穀」というところもあるが、イザナギの命（伊邪那岐命。以下、イザナギ）とイザナミの命（伊邪那美命。以下、イザナミ）が登場。米の収穫を祝い、酒造りを行なうのである。

イザナギの仮面は赤ら顔、イザナミの仮面はお多福。その仮面からして滑稽《こっけい》芸である。その酒造りと酒宴が終わったところで、両者もつれあっての腰の動きが妙でもある。と、みえたところで終わる。じつに、くさい芸でもある。

シーズンではほぼ連日行なわれる観光神楽（高千穂神社参集殿で、午後八時～九時）では、その部分が少し強調もされるが、それは観客向けのサービスというもの。夜神楽三三番のなかでは、ちょうど中ごろにあたる。観る人の眠気ざましの滑稽芸ともなっているのである。

しかし、国土（大八島《おおやしま》）の生成の大役を担って天降りたる神世七代《かみよななよ》の高位にあるイザナギ・イザナミの二柱をこれほど擬人化するとは。とくに、神社神道の国是化とその規範をもって風紀取締まりが厳しくもあった明治初年に、何事もなくそれが継承されたのが不思議でもある。前述もしたが、庶民社会の底力というものであろう。ご同慶のいたりだ。

もっとも、その二柱は、「みとのまぐわい」（しかるべきところでの性交）をなさった神話上での事実もある。そして、この高千穂神楽での一六番「酒こし」は、国産み・子授け・安産の舞として伝えてきているのである。

②備中《びっちゅう》神楽の「お田植」

もうひとつの事例として備中神楽における「お田植」をあげておこう。

備中神楽は、二通りの系譜をもつ。ひとつは、神役《じんやく》という神事神楽である。白蓋《びゃっかい》神事（降神行事）・榊舞（清めの舞）・役指舞《やくざしまい》（役配の舞）・託宣《たくせん》神楽（神懸り）などである。古くは、近隣の神主が集まって演じていたが、明治初年の神祇《じんぎ》省による通達（神官の芸事禁止）によって神楽太夫（玄人の神楽師で、数人で社中を組む）が代わって担うことになった。素面《ひためん》、羽織か千早《ちはや》（角衣）に地袴《じばかま》（道中袴）の簡単な装いである。神楽歌を唱えながら舞う場面が多い。

もうひとつは、神代《じんだい》神楽という神話劇。天岩戸（岩屋戸）開き・オオクニヌシの神による国譲り・スサノヲの命による大蛇《おろち》退治などがある。仮面を多用して衣装も派手派手しい。神楽歌も唱えるが、台詞《せりふ》も多く、問答も加わる。合戦もある。この神代神楽は、江戸中期の文化《ぶんか》・文政《ぶんせい》のころ（一九世紀はじめ）、国学者の西林国橋《にしばやしこっきょう》によって編じられた。全国の神楽のなかでも、もっとも演劇性の高い神楽のひとつである。

じつは、もうひとつ余興の芸能が加わる。現在ではほとんど演じられることがなくなったが、式年（一般には七年ごと）の荒神《こうじん》神楽（式年神楽）で演じられることがあった「玉藻《たまも》前《まえ》」と「お田植」に代表される演劇である。

その備中神楽の「お田植」である。

まず、ツキヨミの命（月読命。以下、ツキヨミ）とウケモチの神（保食神。以下、ウケモチ）が登場。ツキヨミは、アマテラスオオミカミ（天照大御神）の神勅を伝えてウケモチに五穀の種子を求める。ウケモチが口から種々の物種《ものだね》を生んで捧《ささ》げようとするのにツキヨミが立腹して、ウケモチに切りつける。そこへ、アマノクマヒト（天熊人。以下、クマヒト）が登場して二人の立ち回りを仲裁。クマヒトの説得でツキヨミも納得し、アマテラスオオミカミへ五穀の種を奉ることになる。

第二段は、その故事に基づき、種籾《たねもみ》を授かった田男（田大工）たちによる田ごしらえがおもしろおかしく演じられる。また、姫面をつけた早乙女《さおとめ》役も登場し、にぎやかな田植歌もでる。近年は、その滑稽芸の部分のみをとりだし、荒神神楽のなかの余興芸ともなって伝えられてきた。

そのなかで、歌詞に注目しておこう。

はじめに、「サンバイ降し」の歌がある。サンバイは、サンバイ様として親しまれている田の神である。とくに、備中・備後《びんご》の山間地では、田植機が普及する以前までは、サンバイ様を祀ることがよく伝えられてきた。苗三束を置き、その上に柿の葉を敷いて白飯を供えおく。それを、田の水口に祀るところもあったし、庭や土間に祀るところもあった。「サンバイ降し」の歌は、共同作業で田植えを行なうときの手揃えの歌（労働歌）の一種であった。

お田植神楽の再編　前段にウケモチから種籾を授かる場面が省略され、後段の田植作業のにぎにぎしさだけが伝わる傾向が生じてきたので、第８回～第10回星の郷大神楽（平成15～17年）で再編をはかった。それによって、韓国との田植芸能の交流もかなった

田の神のヤーレハレナ春正月は
アラサノサーサ
歳の神ヤーハレナ歳の神ヤーハレ
歳の神ヤーハレ三月からは田の神よ
田の神をヤーハレナ今こそ降ろすよ
アラサノサーサ

これは、歌詞に一部違いがあるが、備中・備後ではほぼ共通する〝ヤーハレ〟調である。神楽では、その歌を唄った田男二人が、神殿《こうどの》（舞台）の畳面を水田に見立てて、代掻《しろか》き作業の模擬を行なう。「その代掻き歌」が以下のとおりである。

アーリャンセー　植田の中に立ったるは　サンバイ様か鳥追いか
アーリャンセー　代師《しろし》の夕飯《ゆうめしや》無いそうな　トンボ止まりが多うござる
アーリャンセー　今日でのこの町ちゃー大町《おおまち》じゃ　千石とれとの大きい町じゃ
アーリャンセー　代師の金玉《きんたま》ブーラブラ　植手のおさねがヒークヒーク
アーリャンセー　浅い田んぼならひざまでまくれ　深い仲なら尻までまくれ

この後半で「金玉」と「おさね」がでてくる。「尻までまくれ」もでてくる。さりげなくでてくるが、かつて人手をかけての重労働では息抜きにもなったであろう。この種のバレ唄は、ところどころでさまざまでもある。神楽であるからか、これは控えめな方である、ともいえるだろう。

なお、この後、早乙女役も加わっての田植えがはじまる。そこでの田植歌は、バレもないので割愛する。

この備中神楽の「お田植」の最終段では、再びウケモチが登場、豊穣《ほうじょう》と寿福を約する。しかし、この段も、省略が進んだ。したがって、神が登場しない下世話な中段だけがお田植神楽だと思っている人が多いだろう。記して銘としたい。

田遊びのなかでの妊婦

「田遊び」は、田植えを模しての予祝行事である。

実際に一番田での田植えを祝っての行事もある。国の重要無形民俗文化財のなかでは、広島県の「壬生《みぶ》の花田植」「安芸《あき》のはやし田」「塩原の大山《だいせん》供養田植」がよく知られる。また、三重県の「磯部の御神田《おみた》」や大阪府の「住吉《すみよし》大社の御田植神事」などもよく知られる。囃子《はやし》にのって早乙女が田植えをするのが共通する。が、ここでは、それはさておくことにする。

ここでとりあげる「田遊び」は、田植えの多忙期を避けて正月明けの冬場に模擬田植を行なって豊作を祈願する、その予祝行事である。たとえば、神社の拝殿や境内を水田に見立てる。そして、田ごしらえ・苗代づくり・籾蒔《もみま》き（種蒔き）・苗取り・田植え・草取り・稲刈り・倉入れといった一連の稲作作業を模擬動作であらわすのである。田遊びが行なわれるのが神社の境内だからといって、また、神主が関与するからといって、社頭儀礼とみてはならない。本来は、田植えをする水田や苗代で行なうものだからなのである。

国の重要無形民俗文化財のなかで「田遊び」という呼称をもって登録されているものは、「徳丸北野神社の田遊び」「赤塚諏訪神社の田遊び」（東京都）・「藤守《ふじもり》の田遊び」（静岡県）である。が、「都々古別《つつこわけ》神社の御田植」（福島県）・「田原《たわら》の御田《おんた》」（京都府）・「吉良川《きらがわ》の御田祭」（高知県）もそれに類する予祝行事である。

そのなかで、東京は板橋区における二つの田遊びをとりあげておこう。

①板橋の田遊び

徳丸《とくまる》と赤塚《あかつか》の二ヵ所で田遊びがあるが、ここでは徳丸北野神社でのそれを重視したい。そこには、妊婦が登場するのである。

徳丸の田遊びは、二月一一日の夜に行なわれる。北野神社の祭神は、天神様の菅原道真《すがわらのみちざね》

徳丸での田遊び　神事の主導者大稲本が太鼓を打って田仕事の問答を呼びかける。それに一同が唱和。やがて、よなぼ（米坊）人形を持った役人（股間に大きな男根）が登場、妊婦のやすめも登場する。その後のおもしろい所作は、田の神への穂ばらみの暗示、と伝わる

である。平安朝《へいあんちょう》の長徳《ちょうとく》元（九九五）年一月一一日に京都の北野天神から分霊を勧請《かんじょう》。その夜に「田阿曾美《たあそび》」を奉納したことに始まる、と伝わる。

かつては、夜の九時過ぎから深夜にかけて行なわれていたが、現在は夕方六時ごろの開始に早まっている。

拝殿前に二間四方のモガリ（舞台）がつくられ、四隅に忌竹《いみだけ》を立て、注連縄《しめなわ》が張り巡らされる。その中央に太鼓（長胴太鼓）を縦に置いて田圃《たんぼ》に見立てる。

六時過ぎ、このモガリの中に諸役が勢揃いする。田遊びを主導する大稲本、その補佐が小稲本、それに、苗と稲の象徴となる早乙女と鍬《くわ》取り。その四役の構成は、赤塚諏訪《すわ》神社での田遊びにも共通する。

まず、大稲本が「よおー　よなんぞう殿」と太鼓を打って、氏子一同が「よおー」と受けこたえる。なお、「よなんぞう」とは、米づくりの神だ、という。

大稲本と氏子とが太鼓を囲んで、「町歩調べ」から「田打ち」「種蒔き」「代掻き」「田植え」へと、問答形式に言葉を唱え、掛け合わせながら進める。たとえば、種蒔きでは、太鼓の音や囃子歌にあわせて四方に向かって籾種を蒔く。

それがすむと、早乙女役の子どもを一人ずつ次々と太鼓の上にのせ、一同で胴上げし、扇であおぐ。これは、苗の成熟と子どもの成長、そして、次代への子孫繁栄を田の神に祈念するものである。太鼓は、斜め打ち。「やすめ　太郎次《たろうじ》はかなか出ーろ」（やすめと太郎次は夫婦）と囃す。

一隅の花道から松明《たいまつ》に導かれた飯櫃《めしびつ》を抱えたひるまもち（神格化された女性）とよねぼう人形を持った男が踊りながら登場。よねぼう人形の股間《こかん》には大きな男根模型が。それを振り回すのである。

続いて、翁《おきな》面をつけた田主の太郎次とおかめ面のやすめの夫婦が登場。やすめは、腹の膨らんだ妊婦姿である。そのとき、花道からモガリへ向かう途中のよねぼうややすめに触れようと観客が寄ってくる。とくにやすめのお腹にさわると子宝に恵まれる、といわれる。田遊びがもっとも盛り上がる瞬間である。続いて、「稲刈り」から「倉入れ」までが象徴的に演じられ、田遊びが終了する。

あらためていうまでもないだろう。形態では、男根が強調される。容姿では、膨らんだ腹まわりが強調される。子孫繁栄を願ってのこととは、いうをまたない。しかし、ここは田遊びの場である。稲作の豊穣を願っての予祝祭である。

稲作と出産が重なる。後々にまで「五穀豊穣」と「子孫繁栄」は対の言葉として伝わる。そこで、前段の種蒔《たねま》き（籾蒔き）が重要な意味をもつことに注目しなくてはならない。種を蒔くから稲が育つのであり、種をつけるから子が育つのである。おもしろおかしく演じてはいても、またにぎやかに囃してはいても、そこに田遊びの本義があるのだ。

板橋のそのあたり一帯は、現在は東京都の市街地のなかにあるが、江戸の開幕のころには、さらに広く新田開発が行なわれんとした地である。もとより、関東ローム層のなかで保水の条件が悪い地であった。そのとき、人びとは、どれだけの苦労をして稲作に取組もうとしたことか。そうした風景を想像しながら見ると、田遊びに秘める農民の切実な心情に近づけるかもしれない。

②日向《ひゅうが》の「ベブガハホ」

もうひとつ、田遊びの種蒔きに妊婦が登場する事例をあげておこう。ただし、ここでは田遊びとはいわない。「ベブガハホ」。宮崎県高原町《たかはるちょう》狭野《さの》神社に伝わる。

ベブガハホのベブは牛、ハホは主婦のことである。それが主役の予祝行事（ここでは、苗代田祭）にほかならない。

ちなみに、狭野の地は、神武天皇の降臨の霊跡とされる。そして、狭野神社はそれにちなんで創建された、と伝わる。例大祭は、一〇月二三日。その他にも歳旦祭《さいたん》・神嘗祭《かんなめ》や神武天皇祭など祭礼が多いが、特殊神事として苗代田祭（二月一八日）と御田植祭（五月一六日）を伝えているのである。

二月一七日、苗代田祭の前夜祭が行なわれる。

神前における型どおりの神事で宮司が祝詞《のりと》を奏し、宮司以下の諸員が玉串奉奠《たまぐしほうてん》を行なう。そのなかでひとつ特殊な次第は、田人《たひと》が神歌を朗唱することである。田人とは、苗代田に

ベブとハホ　木彫りのベブ（神牛）を引いての代掻きの模擬。種籾を持って登場したハホ（奥方）から籾を受けとった宮司が、神歌とともにそれを蒔く。おもしろおかしいなかで、神事となる

おいてはじめに神歌を朗唱する役（三人）である。

浪速津に　咲くやこの花冬ごもり　今を春べと咲くやこの花
桜木を　くだきてみれば花はなし　来る春ごとに種を蒔くなり
春くれば　四方の山川井手に堰《せき》　やらうやらじは小山田の堰

四季を讃《たた》えての神楽歌にも共通する。が、神官の修祓《しゆばつ》（祓《はら》いの儀）の後に続くのは、この神歌も苗代田を神聖な場として清める意味があるのだろう。

二月一八日の当日は、一〇時より狭野神社拝殿にて神事が行なわれ、その後一一時ごろから拝殿横の青竹を立て注連縄を張って神田に見立てた一角で約一時間素朴な苗代づくりの模擬が行なわれる。

神官による修祓のあと、田人三人による神歌の朗唱。このときは、苗代田に向かって三歩進み、三歩退いて一揖《いちゆう》（一礼）の作法がある。

そのあと、下男が登場。そこにいるその他の田人たちと、方言を交えておもしろおかしく会話をする。そして、太郎次（親方）を呼ぶ。

親方が登場。「上とおまるが四千町歩、中とおまるが四千町歩、下とおまるが四千町歩、合わせて一万二千町歩、見まわりして遅うなり申し候」、と田の広さを誇張して遅参を詫《わ》びる。

別の下男がマングワ（馬鍬《まぐわ》、代掻きの道具）を肩に掛けて登場。太郎次と下男二人が田打ちや畦塗《あぜ》り作業をおもしろおかしく演じる。やがて、「神牛」（ベブ＝木彫りの牛）を牽《けん》引《いん》して、代掻きの所作を行なう。下男や田人たちが空腹を訴えたところで太郎次が「ハホー」と、妻なる女性を呼ぶ。下男たちは、「コジュドン」（奥方の敬称）と呼び、ハホの登場をうながす。

ハホが種籾《たねもみ》の籠《かご》を頭上に掲げて登場。ここでも、ハホの腹は膨らんでいるのである。

神官が苗代田中央に進んで神歌を朗唱する。

風吹きて御袖に空は騒ぐとも　我が蒔く種はよもや騒がじ

そして、ハホより種籾を受け取り、苗代田一面に蒔く。その間、太郎次・二人の下男・田人たちは、太鼓にあわせて「庭立ちの歌」を唱《うた》いながら苗代田のまわりを三周して祝うのである。

最終段のそのあたりは、神事というにふさわしい厳《おごそ》かさが漂う。国の重要無形民俗文化財からは漏れているが（宮崎県の無形民俗文化財）、神事と芸能が程よく連鎖した特筆すべき「ベブガハホ」なのである。

なお、こうした田遊び系の行事は、田の神信仰が顕著な旧薩摩藩領《さつま》（鹿児島県と宮崎県南部）に分布をみていたものである。「ベブガハホ」は、そこでも稀少《きしよう》な残存例なのである。

性器を担ぎだすまつり

各地のまつりで、性器（模型）を持ち出す事例がある。神輿《みこし》の巡行としての場合もあるし、門付《かどつ》けの余興としての場合もある。それは、男性器である場合が多い。五穀の種子と懐妊の精子を符合させてのことだろう。とは、先にも述べた。五穀豊穣と子孫繁栄のどちらに重きをおくかは、ところによって違うが対の祈願である事例が多い。重ねていうことになるが、男根を種《たね》（種子）の表徴とすれば、それをもってつなげるのである。

その代表的な、まつりが、なぜだか中部地方（新潟県も含む）に多く伝わる。以下のごとくにである。

①「へのこまつり」と「おそそまつり」

性器の模型を神輿として渡御に担ぎだすまつりである。奇祭として時々に紹介もされてきたまつりであるが、ここでもそれをとりあげておこう。奇祭を好奇な眼でみるのでなく、なぜそうまでするのかを考えてみたい。そして、もともとのかたちはどんなものであった

へのこまつりと奉納物
巨大な男根像を載せた神輿の渡御が有名だが、神社に奉納された男根像も見ごたえがある。奥宮により多く陳列されており、ここには「子授かり」「安産」などの祈願者が後をたたない

かを考えてみたい。

もっともよく知られるのは、写真でも紹介が多い愛知県小牧《こまき》市の「田縣《たがた》神社豊年祭」（三月一五日）である。豊年祭とあるからには、当然ながら五穀豊穣を祈願してのまつりであることは、いうをまたない。しかし、田縣神社の祭神タマヒメの命《みこと》（玉姫命。以下、タマヒメ）が夫となるタケイナダネの命（建稲種命。以下、タケイナダネ）を迎える祝賀祭、という伝説もある。

ああそうか、タケイナダネは稲種だ。そこにたどれる豊年祭とすれば、わかりやすい。俗に、「扁乃古祭り」（へのこまつり）ともいう。

ちなみに、扁乃古とは「陰核」のこと。「陰囊《いんのう》中の核。睾丸《こうがん》」（『広辞苑』第六版）とする。つまり、「男根のふぐり」である。が、この豊年祭では、男根そのものをリアルに模して讃えている。いうなれば「へのこ神輿」（筆者の造語）が繰り出すのである。

その由緒《いわれ》も古い。古く江戸時代には、神宮寺である久保寺が家ごとに田の水口に祀る神札を配っており、寺から田縣神社まで行列がくり出していた、という（小牧市教育委員会の説明板）。現在は、御旅所となる近隣の神明社と熊野神社から一年ごと、交互に行列が出されている。

行列は、猿田彦を先頭に、男根を描いた大幟《おおのぼり》、長さ四〇センチほどの男茎形《おわせがた》の供物を奉持した婦人、祭神御歳神《みとしのかみ》の神像を納めた鳳輦《ほうれん》、タケイナダネの神像を納めた御前神輿《ごぜんみこし》が続く。そして、長さ二メートル余り直径六〇センチの木製丹塗《にぬ》りの男根像を載せた神輿。へのこ神輿である（これは、毎年祭りの前に木曾《きそ》で作りかえられる）。この神輿渡御が、奇祭として囃されるところである。

行列の最後に、楽を奏する伶人《れいじん》、大榊《おおさかき》、木遣《きやり》衆などが連なる。その大榊が田縣神社境内に着くと、とくに近隣からの見物人はこの大榊を手に入れようと奪い合いをはじめる。持ち帰った大榊を神棚に供えると福が訪れるとされるが、かつては豊作を願って神札と共に田んぼの水口に立てた。男根の作りものを田に立てたこともあった、ともいう。

なお、田縣神社には男根を象《かたど》った小型の奉納物も多数ある。とくに、奥宮に多く奉納されている。そこには、「男子はその雄大な形相に益々発奮して仕事に励み、女人はひそかに伺ひみて願ひかければ良縁を得るまた子宝に恵れるとぞ」（説明板の一部）、とある。

その前庭には、絵馬が多く掛けられている。古いものではなく、一様に達磨《だるま》の絵が描かれた販売絵馬。そこには「子供が早く授かりますように」とか「元気な赤ちゃんを授かりますように」などの願文がみられる。また、「元気な男の子を出産できました」などという御礼参りの絵馬もある。

こうした男根を模した奉納物は、各地の神社にも共通する。というところでは、子種（男根）を授かって子孫繁栄を願う信仰が自然派生的に古くから根づいていた、といえるであろう。しかし、これほどに明るく堂々と伝わる性神信仰はここならではのことである。

近しいところの犬山市楽田《がくでん》の大縣《おおあがた》神社でも、三月一五日前後に豊年祭が行なわれる。

それは、俗に「おそそまつり」といっているがごとくに、女陰を描いた幟や蛤《はまぐり》神輿が通例の神輿や飾り馬などと行列を組んで渡御をする。田縣神社の「へのこまつり」と対をなす、とみるむきもあるが、相互の乗り入れはない。これは、タマヒメを祀る境内社の姫之宮にちなんでの祭りである。

ここで、神輿に乗る大蛤は、女陰を表わしており、そのなかから出て餅《もち》を撒《ま》く福娘は出産を表わしている、とされる。もっともな演出であるが、それがいつのころから行なわれるようになったかは明らかでない。いずれにしても、五穀の豊穣と子孫の繁栄は、往時の人びとにとってもっとも大きな祈願であった。誰もが共有できる対の祈禱であっただろう。

しかし、ここでは、なぜにかくも大っぴらな表現をなしたのであろうか。もちろん、余興ではない。神事としても大まじめに執行されてきたのである。これほどに堂々たる渡御は他にはない。「へのこまつり」と「おそそまつり」、国の重要無形民俗文化財にも相当する。そうすべきであろう、と私はみた。

なお、田縣神社には、男根石や男根木の前で撮影した外国人の写真が何組も保存されている。欧米系の人が多く、神妙にして不思議な表情が読みとれるのである。しかし、その原初的な神事性には、共感してもらえたのではあるまいか。

②つぶろさし（新潟県佐渡）

佐渡市羽茂《はもち》地区に伝わる。現在は、毎年六月一五日、草苅《くさかり》神社と菅原神社の例祭に奉納されるが、その後、門付けで演じられるのが特色である。太鼓と笛が一人ずつ、巫女舞《みこまい》が一人。それに、道化の介添役が二、三人、仮面をかぶって登場する。演者のなかでは、道化面をかぶり女性の長襦袢《じゆばん》に赤いたすきをかけ、男根を模したすりこぎ棒を持った「つぶろさし」が主役となる。つぶろさしの「つぶろ」とは、一説には夕顔などの中を刳《く》りぬき種子を入れたもの、という。京都からこれを持ち帰った羽茂本間家（佐渡国守護代）の使者が城内の神社に一粒万倍を祈願して奉納したのがこのまつりの起源、とも伝わる。おかめの面をつけてササラ（竹の楽器）を摺《す》る「ささらすり」の調子にあわせて、つぶろさしがすりこぎ棒を振り上げたり振り下ろしたり、撫《な》でまわしたりして踊る。介添役が、それを囃したり煽《あお》ったり。獅子の口に男根模型をくわえさせるのが、何やら怪しげである。が、そこで想像をたくましくしてみても、せんないことだ。これは、その発祥のいわれからして五穀豊穣を願っての種子《たね》（男根）を強調しての演出、とみるべきであろう。素朴な演出である。

③道祖神まつり（長野県湯ノ原温泉）

松本市　美ケ原《うつくしがはら》温泉郷にある湯ノ原温泉で、毎年九月二三日・二四日の両日に行なわれる。信州での道祖神まつりは、小正月前後に行なわれる事例が多い。松本平では、前述もしたように二月初旬に道祖神まつりをする集落もある。それが、ここでは九月。観光客の参加も期してのことだろう。

高台に薬師堂がある。そこに、古色蒼然《そうぜん》たる道祖神碑が二基。本来の祭神である。が、まつりの見物人たちの眼は、通夜殿に向かう。そこに、二つの巨大な木製の男根（長さ一・六メートル、周囲一メートル、重さ九〇キロばかり）が安置されており、そのうちの粗削りな一体がまつりの御神体である。

宵宮の夕刻、祭囃子にのって奥山の薬師堂から神輿の渡御がはじまる。法被《はっぴ》姿の青年が、その巨大な男根を神輿として担ぎ上げ、その男根の上に一人が跨《また》がって音頭をとる。神輿は、勢いよくもまれながら温泉街を練り回る。手を合わせる人、柏手《かしわで》を打つ人。厄除《やくよ》け・縁結び・子宝・婦人病快癒などの祈願がなされる。とくに、古来、婦人病に霊験あらたか、とかいう。温泉の薬効にも合わせてのことだろうか。

松本平には、さまざまな道祖神像が分布する。男根を顕《あら》わにしたものもある。だが、これほどに巨大な男根像は珍しい。観光イベントの印象があるが、これも松本平全体でみると貴重な文化財である。

温泉街への担ぎだし　神輿は旅館にまで練りこむが、あくまでも道祖神が祀ってある薬師堂から出発するところに意義がある。時代とともに変化をするのが民俗行事であるが、これも信州で多い道祖神まつりの一例に相違ないのである

④さんぞろまつり（愛知県設楽町《したら》）

津島神社の祭礼行事。かつては一一月一七日の夜から翌日にかけて行なわれていたが、現在は一一月の第二土曜日の夜に行なわれている。笛・太鼓の音にあわせて七福神が順々に禰宜《ねぎ》と問答。そのはじめに、神々が「さんそうろう（参候）、某《それがし》は何々にて候」と名乗り、登場した理由を述べる。それがまつり呼称の由来となる。

問答の後は、神前の庭に出て、中央に設けられた大釜《おおがま》で湯立てを行なう。七福神のなかでもとくに注目を集めるのは、奉書に包んで水引をかけた擂粉木《すりこぎ》棒を腰にさして登場する大黒天である。その棒は「ぬめくら棒」と呼ばれる男根を模した棒。大黒天は禰宜との押し問答のあげく、奉書を破いてそれを禰宜にみせる。そして、それを両手で握って上下に躍らせながら、大釜の周りで舞い唄い、見物人のなかに突入したりもする。これも、五穀豊穣と子孫繁栄を祈念してのおこないである。

永禄《えいろく》年間（一五五八～七〇年）の記録には「田楽祭」とあるそうで、そのころに始められた田楽系の芸能とされる。昭和三七（一九六二）年、県の無形民俗文化財に指定が成った。

⑤てんてこまつり（愛知県西尾市）

熱池《にいけ》神社の御田植祭として伝わる。天安二（八五八）年に即位した清和天皇の大嘗会《だいじょうえ》（天皇即位の神事）にあたり熱池一帯が献上米をつくる悠紀《ゆうき》斎田《さいでん》に選ばれた（『日本三代実録』巻二）。それがあって、八幡社が建立、御田植祭が行なわれるようになった、と伝わるのである。

長く旧暦正月三日に行なわれてきた。ということからも、田遊びの系譜でもある。昭和三六（一九六一）年からは太陽暦の一月三日に行なわれるようになった。

神職以下、社守の家（現在は公民館）から行列して熱池八幡社に向かう。その中心は、赤い着物に赤い頭巾《ずきん》をかぶった厄男六人。その順は、太鼓打ち・飯櫃《めしびつ》持ち・樽《たる》担ぎで、その後に竹箒《たけぼうき》持ち三人が続く。太鼓打ち・飯櫃持ち・樽担ぎの三人は、臀部《でんぶ》に大根でつくった男根形に睾丸を模した蕪《かぶ》二個を付けている。そして、行列中も神社の鳥居に着いてからも「てんてこ、てんてこ」という太鼓にあわせて腰を振り、勢いよく大根製の男根を跳躍させる。これは、男根によっての種蒔きと豊穣を表わす所作とされ、その太鼓の音から「てんてこまつり」と呼ばれるようにもなった。大根製の男根が太鼓のリズムにのって猛々《たけだけ》しく奮い立ち躍動すればするほど、その年が豊作になると信じられてもきたのである。

その後、拝殿に上って祭典に移る。大根製の男根を付けた男たちは、それをはずして拝殿の柱に結びつける。これを合図に竹箒を持った三人が、その箒を使って藁灰《わらばい》を四方に撒《ま》き散らす。これは、肥料を施す真似とされる。が、その灰をかぶった者は厄除けとなる、ともいわれる。

それから一同が着座。神職による神事が進み、それが済んだら万歳の三唱。だが、まだ終わらない。太鼓の拍子があって、一同が田植歌をつなぐのである。しかし、傍《はた》に聞きとられないように口ごもって歌う。なぜだろうか。その歌詞には、雀を表わす言葉「ふくらすずめ」がでてくる、とか。そうであれば、虫送りや鳥追いに際して静かに静かにと演じることもわからなくもない。が、ここでもそれ以上にうがちすぎないようにしておこう。

それが終わると、参集した人たちが鳥居前に立ててある門松の葉をとって来て拝殿に投げこむ。これは、早苗《さなえ》打ち（田植えを進めやすくするために早苗の束を田に投げこんでおく）を真似たものだろう。なお、松の小枝を苗に見立てて田植えの模擬をするのは、この時期の各地の田遊びではしばしばみられることである。

ここで使った大根（男根の模造）を家に持ち帰る人も、あとをたたない。それを食べると無病息災、というのも、もっともなことである。

数えてみればきりはなし

以上は、「まぐわい」をとりこんでの芸能九例である。

もちろん、これで事足りたわけではない。現在に伝わる代表的な事例とはいっても、あくまでも筆者が見当づけられるところで選んだものである。漏れているものもあろう。私の知るところでも、知人が関与するところでも、あえて外したところがある。

たとえば、神楽でいうと、銀鏡《しろみ》神楽（宮崎県）。その式三三番のなかの式二七番「室の神」である。天鈿女《あめのうずめ》の仮面《めん》をつけた一人舞で、太鼓脇の神主と問答する。イザナギの命《みこと》（伊邪那岐命）とイザナミの命（伊邪那美命）との国造りを語るのが主題で、『古事記』にほぼ忠実な語りである。そのときに、股間《こかん》に擂粉木《すりこぎ》を当てている。それを問われると、「田の神は年はいくつとたずねれば　年はとりても腰は弓張り」と歌って答える。それが国造りにも子孫繁栄にも相通じるのは、いうをまたない。穏やかな絡み芸である。股間の擂粉木だけを強調することにならないよう、ここではとりあげなかった。

奈良県の飛鳥坐《あすかにいます》神社（高市郡明日香村）の「おんだ」（御田祭）も、しばしば話題になる。例年は、二月の第一日曜日。祭事は、神官たちによって粛々と執り行なわれる。が、一般の参拝者で混雑をきわめるのは、舞台上での天狗《てんぐ》とお多福の演技がはじまってからである。天狗は、股間に木彫りの男根を下げ、それを振りまわして観客の笑いをとる。お多福は、大ぶりな木椀に白飯を山盛りにして登場。その後が、より注目を集めるところで、蓙《ござ》が敷かれた上で天狗とお多福が添寝《そいね》をするのだ。いや、添寝ではない。天狗がお多福の上にかぶさって、性交のようすを演じるのだ。これを、クライマックスとする。

それは、特異な演出・演技というものだが、ここでも「五穀豊穣」（とくに、稲作豊穣）と「子孫繁栄」をあわせて祈願するのが氏子の真意であった、とみるべきだろう。

これを、とくに強調するかたちでとりあげなかったのは、この時季の奈良県下にはさほどに余興芸を加えないお田植神事が少なからず存続しているからである。平尾のオンダ（一月一八日、宇陀市大宇陀の水分《みくまり》神社）、六縣《むつがた》神社の御田植祭（二月一一日、磯城《しき》郡川西町）、野依《のより》のオンダ（五月五日、宇陀市大宇陀の白山《しらやま》神社）などである。観客が少ないとはいえ、そこにこそ正当な評価をしなくてはならないのではあるまいか。

神奈川県川崎市の金山《かなやま》神社（若宮《わかみや》八幡宮に合祀《ごうし》）も、よく知られながらも番外としたことをことわって、補足しておかなくてはなるまい。ここには、「かなまらさま」が祀ってある。多くの絵馬が奉納されていることでも、よく知られている。ちなみに、その絵馬は、女性が男根像を抱いたり男根像を拝んだりする絵柄が多い。見ごたえもある。しかし、性神信仰といえるかどうか。一説では、火をおこす鞴《ふいご》を男根に見立て、その鞴のピストン運動を性交と見立ててのことともいう。「かなまらさま」は、もともと鍛冶《かじ》職人たちの信仰を集めていたのである。鞴祭が元にあり、歴史的には新たに、かなまら祭が重なった。そして、子孫繁栄・夫婦和合・病気平癒などと祈願目が広がったのである。絵馬の絵柄には惹《ひ》かれながらも、割愛することにした。

他にも、秋田県八幡平《はちまんたい》の蒸《ふけ》ノ湯での金精様まつりや山形県温海《あつみ》温泉での小正月行事（熊野神社）などの事例もある。女性たちが木彫りの男根像を抱いて行列をしていたり（金精様まつり）、芸者連が大きな陰根を引きまわしたりしていた、という記録も残る。女性たちが主役、ということでは興味のあるところだ。しかし、現在は廃れているので、とりあげることができない。

このように、陰陽の造形物を持ちだしてのまつりは、さかのぼってみればさらに多く分布していたであろう。外国人に指摘されるまでもない、日本人の大らかなる性神信仰、と認めておきたい。

田植歌での三形式

以上述べたように、正月明け・旧正月明けに「田遊び」が行なわれる。二月の初午《はつうま》どきに行なわれる事例もある。

田起しや籾蒔《もみま》きや田植えなどの模擬をする。もとは結《ゆい》（共同作業の単位）ごとに斎庭《さにわ》

（斎田《さいでん》とも）をもって行なっていた、と思える。が、現在伝えるところの多くは、神社の境内地でそれを行なっている。一方、それが神事化して、神社の「御田祭《おんたさい》」（御神田《おみた》とも）として伝わるところもある。いずれも、稲作豊穣の予祝行事にほかならない。

前者では、陽物をぶらさげての田男（田大工とも）と腹の大きなお多福（おかめとも）がおもしろおかしく掛け合いを演じる場合がある。そうした娯楽的な演出が加わったからこそ、「田遊び」と俗称することになったのであろう。

さらに、それが転じて楽《がく》をともなっての舞踊芸能となったものが「田楽」と相なるのであろう。

一方で、稲作豊穣を願っての「御田植祭り」（大田植などとも）がある。陰暦五月の田植え時期のはじまりに一番田で早乙女《さおとめ》が着飾って田植えを行なうのである。男衆が笛や太鼓で囃す。また、その前に着飾った牛を引いて田均《たなら》しを行なうところもある。そして、そのはじめに田の神を祀って神事を行なうところもある。

そうした田植えのはじめを祝う御田植祭りでは、陰陽をさらけたような遊びはみられない。それは、そうであろう。早乙女や牛が着飾っていても、それは、めでたい日の晴着というもの。それが主役で、農作業はとどこおりなく進められるのであり、それにしたがうところでは余興を加える余地はないのである。

だが、そこには田植歌がある。あらためて、注目しなくてはならない。その田植歌も、余興ではない。めでたい田植えの初日に、一斉に作業を進める。横並びでの田植えの手元が揃うように、その息が切れないように。つまり、麦打ち唄や臼搗《うすつ》き唄、馬子唄や酒造り唄などと同類の何人かで作業を進めるための労働歌なのである。

「大勢の早乙女が合唱する田植歌は神に対する讃歌《さんか》であった」、という解釈もできる。そうでもあろう。しかし、田植え作業の進行からみると、作業の効率よい持久をはかることに最大の意義があったのではないか。ましてや、大勢の人に見られている行事では一糸乱れぬ連帯作業が求められたのである。

その田植歌は、各地でさまざまな展開をみた。音頭は、作業に合わせての一定のリズムが必然であるが、とくに歌詞は時々に変化もする。その記録も残る。

しかし、それを聞くことはむつかしくなっている。とくに、田植機が家ごとに導入されるようになると、共同での田植えは廃れることになった。そこで、田植歌も廃れることになった。もう、かれこれ半世紀も前からの変化である。

ただ、国や県の文化財指定を受けた御田植祭りでは、旧来どおりの田植歌を伝えてもいる。指定件数はかぎられているが、その伝承密度からいうと備後地方（広島県）を中心とした中国山地であろう。

中国地方の御田植祭りと田植歌についての報告書も、いくとおりかある。ここでは、牛《うし》尾三千夫《おみちお》『大田植の習俗と田植歌』を重視して参考にする。なお、牛尾三千夫氏（一九〇七〜八六年）は、戦前（第二次世界大戦前）から中国地方の御田植祭りの習俗に注目してフィールドワークを重ねてきた在野の民俗学者である。私は、牛尾氏の晩年の民俗調査に同行したことがある。知遇を得て、何冊もの著作もいただいた。いま、あらためてそれを読み直して、もう追跡が不可能な貴重な調査記録である、と畏敬《いけい》の念を抱いている。

その牛尾氏によると、田植歌は三分類ができるそうだ。親歌と子歌がつながるオロシ形式のものと、上歌と下歌を相互にくりかえして歌うナガレ形式のものと、一声か二声だけを歌う短章形式のもの。これも、歌を聞かないことには判別がむつかしい。が、たとえば、オロシ形式の歌詞には、以下のようなものがある。

歌大工　ここは道端絵に描く程に植えようや
早乙女　アアアアアイ植ようや絵に描く程にや
歌大工　ヤーハレエ道端絵に描く程にや
早乙女　アアアアアイ植ようや絵に描く程にや

（広島県高田《たかた》郡高宮町＝現、安芸《あき》高田市）

歌大工（男の音頭とり）は地声で親歌を歌う。そのときの気分本位に歌う、という。それに答えて、早乙女のアアアアアイという囃子に続く歌詞が親歌の一節を重ねるかたちで歌い返される、というものである。
ナガレ形式は、上・下のカケアイが続く。たとえば、以下のようにである。

田の神をいまこそ下すどの窪に
三角の窪のまんなかに
田の神の十二の森にしめ張りて
田の神さまをまつります
田の神が今日こそ御座る宮の上
いまは三角の窪の上
今日の三角の窪に立つかやは
先ずさんばいのおりはしに
今日も早乙女かさを揃わせて
三角の窪の田を植える
（岡山県阿哲《あてつ》郡哲多《てつた》町＝現、新見《にいみ》市）

田の神であるサンバイ様を丁寧に祀る。しかる後に窪《くぼ》の田におろし、そこで初田植をする。そのようすがよくわかる。牛尾三千夫氏は、これを、「近世の手の入ったあくどさがない、むしろ単朴なもの」と評している。田の神をたたえての古い型の田植歌、ということなのであろう。

なお、中国山地により濃く伝わった田植歌であるが、田植歌は全国的にも分布していた。

このうた、もとは本州西部の中国地方に点在する古風な田植行事のうたである〝囃田〟と同系統のもので、その源流は平安時代以前までさかのぼることができるかもしれない。

（竹内勉「民謡のふるさと　稲と〝田の神〟」、『ほるぷ民謡全集③東北Ⅱ　田に汗する人びと』に所収）


ここでの「このうた」は、「生保内《おぼない》田歌踊（歌）」（秋田県）である。歌詞に類似語はないが、田の神を呼んでたたえるナガレ形式であることは同様である。それは、田歌踊りというごとく踊りも伴う。それについては、「田楽法師などといった人びとによって東北地方へも伝えられ、〝田植踊り〟としてうたい踊られるようになり、（後略）」（同上）とする。文書上で証明することはむつかしいが、そうでもあろうか。時代を経るにつれ、さまざまな変化が生じるが、いずれも田植えが大事で、その一番田がとくに大事で、そこに田の神を讃えての歌や踊りが生じた。と、元の形態《かたち》を仮定することはできるであろう。

さて、牛尾三千夫氏が説く中国山地における田植歌の第三、短章形式である。端的にいうならば、その場で思いついたような歌詞で、前後の脈絡に薄い歌である。複数で歌ったり囃したりするものでもない。ゆえに、即興性が盛りこまれることにもなったのだ。

番外にバレ唄あり

そこで注目すべきは、「バレ唄」である。正式な田植歌とはしない。小唄のねり唄・チャリ唄（滑稽歌）・早口唄などと同じような番外歌である。

ちなみに、バレとは、当て字ながら「破礼」（『広辞苑』ほか）。礼が続いたところでの破礼。「みだらなこと」（『広辞苑』第六版）ともある。そして、バレ唄には、卑猥《ひわい》な言葉もでてくるのだ。本編では、それを強調するつもりはないが、無視して過ごすわけにはいかないのである。

たた、たん、たん、田の中で、おそそひろげて、水かがみ、泥鰌《どじょう》がびつくりして砂かべる、田螺《たにし》があわてて、蓋をする　（広島県神石《じんせき》郡豊松村《とよまつそん》＝現、神石高原町《じんせきこうげんちょう》）

むかしは、早乙女たちも腰巻の下には何も着けていなかった。股引《ももひき》などをはいて田に立とうものなら、笑われもしたし叱られもした。だから、水面に股間が映ることもあった。という話を、私も郷里（岡山県美星町《びせいちょう》、右の広島県豊松村にも近い）で、明治生まれの年寄りたちから何度か聞いたものである（それを、備中神楽「お田植」にも応用した）。

十七が、ヤーハレサ、かけた襷《たすき》に、血がついた
ヤーハレサー、血じゃないもの紅じゃもの
トテトントテトン
（岡山県阿哲地方＝現、新見市）

初潮のあった早乙女の恥じらいを唄ったものだろうが、嫌味はない。バレ唄といえども、人を傷つけるような歌詞は好まれなかった。とはいえ、次のように早乙女が合いの手をいれるには恥ずかしかっただろう唄もある。

どびんどのや、どびんどのや、今宵《こよい》さも夜這《よば》いにゃゆかんか
アーいやよ、きらいよ、わしゃいやよ（コラコラ）
ゆんべも、あなたに、誘われて（ホリャホリャ）
あなたは、温《ぬく》みに、ちょと入り、わたしは木戸の　番人で、夕立雨に　しょぼ濡れて、
拍子をとるのがこーわいな
（広島県高田郡高宮町＝現、安芸高田市）

この「どびんどの」（土瓶殿）の類唄は、国境を越えた石見《いわみ》地方（島根県）にも広く分布

をみる、という（牛尾三千夫氏）。

さらに過激なバレ唄もある。

あまり寝たいそうで、桶屋せんと寝たら、足ではさんで、手でしめて、コンシコ、コンシコと締めあげた
あまり寝たいそうで、和尚さんと寝たら、法事しよう、御馳走さい、椎茸かん平えつと煮い、大根煮〆は　しつかん　ワンワンの子が出来た
あまり寝たいそうで、六部さんと寝たら、チンチン　カンカン　なんまいだの子が出来た
あまり寝たいそうで、神主さんと寝たら　ヒーロロ　デンデン　祓い給いの子が出来た
（島根県能義郡広瀬町＝現、安来市）

笑うしかないだろう。

そうなのだ。笑うことが大事なのだ。朝から神妙な御田植祭を神秘に行なってきた。昼は、田の脇で神饌《しんせん》（豆飯や酒）を下げて直会《なおらい》もあった。

午後も二番田に移り、田植えが続いた。しかし、そこからは正調の田植歌だけを歌わなくてもよい。見物や撮影におしかけていた人たちも午前中で帰っている。あとは、田植え

結による田植え　水利と苗の生長からして田植えの期間は限られている。近隣による結での共同作業が必要であった。そのはじめに、田植神事や囃し田植があった。そして、田植歌や田植踊りも派生した。写真は、昭和36（1961）年、福島県熱塩加納村での前進田植え。その他の地方では後進田植えが行なわれていたが、東北地方では前進田植えをするところが多かった（芳賀日出男『日本の民俗　暮らしと生業』より）

を効率よく進めなくてはならない。横一線に並んで、同じように植えていかなくてはならないのだ。働きづめというわけにもいかないので、時々に腰を伸ばす。それには、唄が合図となる。そして、間にバレ唄を入れることで、それを笑うことで、息抜きにもなるだろう。陽が西に傾くころになると、それがさらにきわどくもなるのである。

それは、夜っぴいての神楽の合間芸と同じ意味をもつ。先述したところの高千穂神楽での「酒こし」や備中神楽の「お田植」も、いうなれば笑いをもっての眠気ざましと位置づけられる、とした。単にふざけているわけではない。関係者は、仮眠もとらず一晩をつとめあげなくてはならないのである。

そこで、バレ唄やバレ芸が出てくるのだ。

しかし、それにしても稲作に励む農民たちは、たくましかった。礼を粛々と、破礼をにぎにぎしく。そのメリハリのきいた祝祭空間をつくり伝えてきたのである。

ただ、現在では、文化財指定の御田植祭には、バレ唄はでてこない。文化財指定を受けていない御田植祭は、田植えの機械化とともに形骸《けいがい》化した。廃絶した。ほとんど消え去った田植歌の番外、バレ唄をここに顕彰しておきたい。

「性」を大らかに、「性」をにぎにぎしく、そして、「性」を秘めやかに演じる。いずれもが、庶民の信仰の表現であった。そういう時代が長く続いていたのである。

終　章――夜ばいのあったころ

「そないなことというても、一郎やん（仮名）は夜ばいはしとらんやろ。何年生まれやったかな」

「一〇年（昭和）ですわ。私は、夜ばいはしとらんけど、私の同級の寝屋子《ねやこ》（寝屋＝若者宿での兄弟分）のなかには、行っとったのがおります。はあ、相手は、そりゃあ結婚相手とは違《ちご》うてましたな。夜ばい相手はだいたい決まった女性《ひと》で、どこまで許してもろうたことか。そこまでは知りませんが、帰ってきたらニヤニヤしてましたで」

「儂らのころは、夜ばいは盛んやったけど、結婚を覚悟して行ったもんや。同じ寝屋子にも相手の親にもわかることやでな。遊びは、鳥羽や伊勢に寝屋子同士で順番に出ていってな。そりゃ、一郎やんのころやて、そうだったやろ」

大正一四（一九二五）年生まれの太吉翁（仮名）が一郎やんの膝《ひざ》を叩《たた》きながら、そう言った。

つい最近（令和四年六月）の答志島《とうしじま》（三重県鳥羽市）でのできごとであった。

そこには、他に私を含めた男たちが四人。お二人に比べたら若年であるので、口だしはできない。酒が一巡したころの会話であった。

ここに、「夜ばい」という言葉がでてきた。

その言葉がつかわれなくなって久しい。私も、久しぶりに耳にした。

それが時々につかわれるとしても、一般には怪しげな遊戯とみられがちだろう。男たちが軽口ではやす、自慢する、そんなつかわれ方が多かった。

ここでの一郎やんとて八六歳である。島での旧慣を知らないわけではない。しかし、夜ばいの実態となると、曖昧《あいまい》な口述となるのである。

対して、太吉翁は九六歳。夜ばいの実際を知る。それは、遊戯ではなく通婚の儀礼であった、と明瞭《めいりょう》に回顧するのである。

この一〇年の違いには、大きな隔たりがある、とみた。端的にいえば、戦前（第二次世界大戦前）と戦後の風俗とその体験の違いである。

その時代、その土地での民俗慣習には、それなりの意味がある。そこには合理がある。そして、それが途絶えるのにも、それなりの理由がある。そこにも合理がある。

ただ、その途絶える風俗の記録が必ずしも正確ではない。そのなかには、興味本位で説くものも少なからずある。また、思いこみで説くものも少なからずある。

陰陽の「生殖器信仰」「性神信仰」がそうであった。そして、夜ばいもそうした傾向にある。夜ばいは、性神信仰とはいえないものの、性についての認識を共有する慣習であった。そこで、夜ばいにもあらためて注目しておこう、と思う。

添寝しても子種は落とすな

夜ばいは、「よばう」が転じた言葉である。よばうは、「呼ばう」、あるいは「喚ばう」。とすれば、声を投げかけることであり、言葉で問いかけることである。

それに、「婚」という漢字を当てた。ということは、親も承認、あるいは黙認しての求婚の手段の意が潜在する。男が通う「足入婚《あしいれこん》」（妻問い婚）にも通じる。それが、古儀というものだろう。

ところが、一般には「夜這」という漢字を用いるようになる。それにつれて、娘や親の同意がなくても夜分に忍び込む猥雑《わいざつ》な行為、と解されるようにもなった。また、そうした行為が遊戯化もした。村落社会でさほどに認知されたわけでもなかったが、一部にそれが潜在して伝わったことも事実である。

実際にそれを体験したのは、明治生まれ・大正生まれの男たちである。あるいは、昭和も初年生まれの男たちである。それ以降に夜ばいの習俗が途絶えたのは、ひとつには電灯が通じたからである。そして、もうひとつには若者宿（若衆宿）が解体したからである。

じつは、私は、夜ばいの体験談を二〇人以上もの人たちから聞き確かめる機会に恵まれた。昭和六〇（一九八五）年と六一年の二年間にわたって、山口県下でのことである。といっても、自分で開拓したフィールドワークではなかった。

向谷喜久江さんという主婦が民話に興味をもち、採録をはじめていた。その採訪記が『とくやま昔話』として徳山市（現、周南市）のマツノ書店から出版された（昭和五九年）。その直後に、マツノ書店の店主松村久《まつむらひさし》さんから連絡があった。向谷さんが新しいテーマ（性風俗）に興味をもったが手こずっている、協力してもらえないか、ということであった。私は、すぐ西下して向谷さんに会った。そして、それまでのいきさつを聞き、補充のフィールドワークと編集作業を手伝うことにした。

その結果、昭和六一年一一月にマツノ書店から『よばいのあったころ』が出版された。向谷さんが本文の執筆を、私が各章ごとに解説を書き、島利栄子さん（向谷さんの友人）がイラストを担当した。各紙の書評でとりあげられ、版を重ねることにもなった。

そこで証言を得た人たちのほとんどは、明治末期の生まれであった。夜ばいを知る年ごろ（一七〜二〇歳）は、大正後期から昭和のはじめのころである。夜ばいをかける男性側だけでなく、夜ばいを受ける女性の側からの話も聞いた。以下、そのいくつかを紹介しておこう（一部、句読点や改行を詰めた）。

「夜這いに入ろうとするときは、家の外からでも耳をすましとれば、みんなが寝静まったかどうかは、すぐわかる。今はアルミサッシになって、話し声も外にきこえんが、そのころは寝息までわかった。

夜這いは、たいてい表の縁側から入っていった。縁側から入るのは、むかしから『坊主』と『夜這い』だけときまっとった。（中略）農家はどの家でも間取りは同じで、娘の寝所もきまっとったから、よその村であっても、目的の場所に忍びこむのは簡単じゃった。（中略）

寝所はほとんど納戸《なんど》じゃったが、やっかいなことに、一家全員が一間《ひとま》に寝とることがばある。ばあさんと二人だけということもたまにあったが、そんなのには、めったに出くわさんかった。

ねらう娘を探すには、やっぱり頭にさわるのが一番じゃった。頭にじかにさわると、気づかれるから、髪の表面にそっとさわって、髪形を確かめた。ときには、『きたな』と感づいた親もあったと思うが、むかしからの習慣だから、知らんふりをした者《もん》もおったじゃろう」

「夜這いにいって、暗がりで娘をさがすには、頭にさわると確かじゃが、髪につける油の匂いでもわかるから、まず間違うこたあない。じゃが、六人も七人もが一つへやに寝ていると、娘の横に忍びこもうにも、となりに寝とる者との間にすきまのないことがある。そんなときには、寝とる者の呼吸にあわせて、足から少しずつ入りこむ。

息をはくときに入るのがコツじゃが、もぐり込む本人は息をはきだしたままじゃ。これは難儀なことじゃが、ここまできたら、もう後へはひけんでのう。

娘の横に入りこんだらどうするかって？　あっはっは。どこのだれやら知らん者に、『はい、どうぞ』という娘はおらん。それで、はじめてのときは、ただそーっと横に寝かせてもらうか、ちょっとぐらいさわらしてもらうぐらいで、ええころには、そっと抜けだして、入ってきたところから出ていく。障子もきちんと閉めていくのはもちろんじゃ。

一人の娘に対する夜這いは一回だけで終るもんじゃない。三回目でもまったく脈がないときはあきらめるが、少しでも反応があると、一押し、二押し、三に押しで、執ようなまでに根気ようかようた」

「周防《すおう》の島々では島内結婚が割に多いから、夜這いの風習も、ほかとはちいっと違《ちご》うちょった。上関の白井田《しらいだ》じゃ、近親婚が多いかったから、（その弊害を避けるために）血の繋《う》がりの薄しり結婚相手をみつけるためのもんじゃった。（中略）結婚相手をみつけるための夜這いじゃから、若い男がぜんぜんこない娘の親は逆に心配で、ここでもやはり男たちに、『ちいったあ、うちにもきてくれやぁ』と、たのむ父親もおったそうじゃ。

はじめは、若衆宿の二、三人で娘の家にいくんじゃが、そのうちの一人が娘と気があうと、他の者は気をきかせて、その娘のところにはいかんようにしちょった」

「親父の公認でも、夜這いはあくまでも夜這いで、みんなが寝静まってから、そーっと家のなかに忍びこんだ。そして、親父のいうたように、子種をおいて帰るようなことはせなんだ。むかしは今のように、簡単におろす（堕胎する）ことはでけなんだので、娘も親も妊娠をひどう恐れちょった。そういうときは、娘と二人で布団を頭からすっぽりかぶって、ひそひそ話をしたり、あそこにさわらせてもらったりして帰ってくるんじゃが、若い男にとっちゃ、それがひどくつろうてのう」

「娘にとって、夜這いほど恐ろしいもんはありませんでした。両親と同じへやに並んで寝ていても、夜這いが入ってきたことを親に知らせるのは、恥ずかしいもんですいね。

それじゃ、わたしんとこへ夜這いがきたときのことを話しましょういね。家族みんなが寝込んだころ、わたしはだれかに冷たい手で顔をなでられて、目を覚ましました。すると枕元に男がつくなんどる（座っている）んですいね。恐ろしゅうはあっても、夜這いがきたと思うと恥ずかしゅうて、となりに寝とる親をおこす勇気もなく、ふるえながら、声を殺して男にいいました。『あのう、うちゃあ（わたしは）、今、月のもん（生理）があるんですいね』

男はそれを聞くと、だまって出ていきましたが、そりゃあ、強盗が入ったくらい恐ろしゅうありました。

娘というのは、若い男が家の外をうろうろしちょったときはそのことを話しますが、へやの中まで入られると、親にも友達にも、なんか言わないんです。このことも、いま初めて話すんです。もう時効ですけ。(中略)じゃが、よう考えてみると、夜這いにきても、男をうけ入れるかどうかは娘の気持ちひとつじゃけえ、哀れなのは男のほうかもしれませんのん」

「あるとき、わたしがお寺に手伝いにいって泊まった夜のこと、夜這いが入ってきたんです。おどろいて思わず大声をだしたら、和尚さんがとんできて、男は逃げていきました。夜這いは、入ってきたときに声をだすと逃げていきます。いままで、夜這いで強姦《ごうかん》ちゅうのは聞いたことがありません。

夜這いを防ぐには、雨戸を閉めたり、しんばり棒(鍵《かぎ》の役目をするもの)をキチンとすればええようなもんですが、厳重すぎると、若い衆がやってきて雨戸をこわしたり、井戸の中にモミガラを投げこんだり、小便つぼにばっちり笠(竹の皮であんだ笠、小便をすると大きい音がしてびっくりする)を投げこんで帰ったりして、いやがらせをすることがあるんです。

泣く子と若い衆《し》には勝てんちゅうか、親は娘の気持ちもしらず、若い衆の行動をあるていど大目にみとったところもあるんです。それは親たちにも経験があったからですいね。それとも、嫁のもらいてがなくなるのを恐れたんですかいね」

とくに、娘の立場ではむつかしいことが多かった。憎からず思う相手とならともかく、他で味をしめた男がやってくることもある。それをどうさばくか、ここでの証言があるように、最後は娘に選択権があるのだ。身もちが堅いにこしたことはない。が、なかには身もちのよくない娘もいて、それはそれで男たちの人気を博することにもなった、ともいう。なかには、朝方までカンテラやロウソクをともして夜ばいを防いだり、夜ばいが入ったのに気づくとマッチを擦って追い返そうとする娘や母親もいた。

厚着をして、それでも体の冷える冬場になると、夜ばいはほとんどなかった。

しかし、男たちとは、見栄《みえ》をはりたがるものである。大声をだされて早々に逃げ帰った話や娘の隣に寝る老婆に驚いて飛び出した話などは、忘れたがごとくにしたがらないものだ。男たちにとっては、あくまでも楽しい思い出にしたいのだろう。あの男がそんな自慢をしとったか、と一笑にふす女性もいた。話は、女性の側からも聞かなくてはならない、ということをあらためて知ったことであった。

若者宿での成人教育

夜ばいは、若者宿（若衆宿）の仲間が相互に認知してのある種の儀礼という側面がある。たとえば、夜ばいを実行するまでに、複数の若者が娘の家を訪ねる。夜鍋《よなべ》仕事を手伝ったり囲炉裏《いろり》ばたで雑談をする事例が、西日本各地でよくみられた。それは、『日本の民俗』（全四七巻）からもひろいだすことができる。ヨアソビとかヨバナシという類《たぐい》の男女交際である。そのうち、特定の若者と娘が恋愛感情を確認したところで、その他の若者や娘の家族が黙認することになり、夜ばいがはじまる、という図式がみられるのである。そのとき、家の表に笠や手拭《てぬぐい》をかけておいたり、庭や土間に石を並べておくことがある。それは、娘がすでに特定の若者と「許婚《いいなずけ》」の状態にはいったことを表わした。そうした例も方々に共通する。

なお、こうした特定の二人が夜ばいあうときは、性交が介在する例もあった。親も、それを黙認するのがきまりであった。

また、娘が意中の若者を選んだ時点で、若者宿の先輩や朋輩《ほうばい》のなかから仲人《なこうど》役をたてて娘の親を説得する例もあった。そのとき娘の親が反対したら、ヨメヌスミ（嫁盗み）やヨメカツギ（嫁かつぎ）などの非常手段がとられることもあった。つまり、既成事実をつくることで黙認を迫るのである。

かつて、そうした若者組がほぼ全国的に存在した。私は、東は伊豆諸島で、西は山口県下でその確認調査を行なったことがある。その結果、とくに西日本の海岸部（漁村部）にその伝承事例が多かった。それは、海上での作業がより連携を必要とするからでもあろう。が、漁村では家が建てこんだところが多い。そして、各家も相応に狭いところが多い。そうしたところで、色気がつきはじめた年ごろの男子をどう育てるか。その視点が大事であろう、と私は思ったことだ。

夜は、家から他へ隔離するのがよい。他人の親や兄弟のもとで、血気を程よく発散するのがよい。そこでは、むつかしい世代の男たちを育《はぐく》む、代々を経ての経験律が蓄積されているのだ。そのなかのひとつに、夜ばいの体験の共有がある、とみたらどうだろうか。ところによっては若衆組・若連中・若勢《わかせ》などと呼称している。山口県では、ワカイシ仲間という例が多かった。先述の答志島（三重県）では、寝屋子といっていた。

若者組に属するのは、だいたい一五歳前後から二五歳前後の青年層である。一五歳というのは、かつての武家社会における元服に相当し、民衆社会においてもゲンプク（山口県ではそういわれた例が多い）・ヘコイワイ・フンドシイワイなどと呼ばれる事実上の成人儀礼を行なう年齢であった。のちには、中学校卒業年へと変わったところが多かった。

そこでは、部屋数に余裕のある家に宿を依頼するところが多かった。それだと、数人が単位となる。そして、集落のなかに三つも四つもの若者宿が存在することにもなる。一方で、一〇人もそれ以上も収容できる専用の家屋を設けたところもある。

脱退の年齢も必ずしも一定でないが、結婚によって脱退という例が一般的であった。したがって、三〇歳になってもまだ若者組にとどまる例も稀《まれ》にあった。

なお、東日本には長男だけで若者組を組織する例が少なくなかった。

若者組は、村落社会での子供組・娘組・中老組・年寄組などと相関する年齢階梯《かいてい》制のなかにあった、とみることができる。

年齢階梯は、ただ年齢を区分するだけでなく、地域社会における公的な役割（労働）分担を示すものである。年齢階梯制のもとに、祭礼や行事での共同作業が行なわれたところが多かった。

若者組は、大きな行事のときは、主として警備や救護を担当したものである。あるいは、神輿《みこし》かつぎや盆踊りのとりしきりなどを担当した。葬送に際しては、墓の穴掘りなどの作業を受けもつところもあった。あるいは、病人の輸送を担当するのも多くに共通する。そのところでも、若者組は集落にとって無視できない戦力であったのだ。

このような若者宿や娘宿は、明治以降しだいに崩壊していった。それは、学校教育の普及や生活圏の拡大と関係してのことである。また、青年団活動のなかに吸収されたところも少なくないのである。

三重県答志島の寝宿《ねやど》（寝屋）は、現在にその習俗を伝える唯一といってもよい文化遺産であるといえるだろう。とはいっても、現代は高校進学が一般化しており寝宿に毎晩泊ま寝屋子仲間の兄弟関係は一生続くというところでの旧慣は、そのまま伝えているのである。

そうした若者宿は、成人教育の場であった。それをつきつめれば、性教育の場であった。『よばいのあったころ』では、はじめに「割礼《かつれい》」の通過儀礼があったことが報告されている。私は、東南アジアはボルネオ（マレーシア領）のルングス族の村でそれを見聞きしたことがある。が、日本でそれを聞くのははじめてのことであった。

「いよいよ卒業の日（中学校）には、寝部屋の先輩たちが迎えにやってきた。『おまえも卒業して一人前になったけえ、皮をむいでやるからこいよ。皮かぶりはのう、素《す》呆《ぼ》けとか越前マラとかいうて、悪口を言われるでよ』。そういわれると、自分のもちものが不安になってきて、寝部屋の先輩たちの後を、トボトボついていった。

部屋に入ると、先輩はわしらを二、三人で押さえつけて、着ものの前をめくり、まだ小さいのを引っぱりだして、カヤ（茅）で皮に傷をつけて頭をだしてくれるが、その傷でムスコは血だらけになる。

『よーし、これでおまえも一人前じゃァ』。先輩たちにそういわれても、傷が痛いのと恥ずかしいのとで、たいていしょぼんとしとったのう」

「若衆宿でいちばんはじめに教わったのは、五人組のことじゃった。五人組たあ何のことかって？　片手をだしてみい。一《ひい》、二《ふう》、三《みい》、四《よう》、五《いつ》、ほら五人おるじゃろう。この五人組でピッピッと昇天の術をするんじゃ。わからんかのう、ほらセンズリ（自慰）のことよ。

つぎに教わったのは夜這いのことじゃった。夜這いは見習いからはじまるんじゃ。先輩が新入りの二、三人をつれていってくれるんじゃが、見習いは、先輩が障子をあけて中に入り、障子をしめ終わるまで、じっとみとるんじゃ。そのときは自分が中に入るみたいに緊張して、ドキドキしながら見とったもんよ。それで、小半刻《こはんとき》（約三十分）くらいかのう、ことが終わって出てくるまで外でじっと待っとった。

あとでわしが先輩として、新入りをつれていく身になってわかったんじゃが、外に見習いがおると思うと、落ちついて楽しむことはでけんでのう、早々に出ていったもんよ。

じゃが、そういうときにかぎって、『一発やっちゃった』と、肩をゆすって見習いにいうたもんよ。ほんまは、その家の者に追いだされて、新入りの前で恥をかかんか（かいてはいけない）と、そればっかり頭にあったんじゃがのう。これも、今じゃからいえるのよのんた」

性の知識は、こうして身についたのである。家庭教育では、そうはいかない。学校教育でも、そうはいかない。他人のもとで他人同士であるところでそれができるのだ。そして、それができたところで、実の兄弟以上の結束も生まれるのである。しかも、生涯を通じての結束を約することになるのである。それが、成人したのちは、村落社会を代々つないでの安定した労働力にも福祉力にもなった、とみることができよう。

夜ばいにも教育プログラム、とまではいわない。しかし、ただの猥雑な遊戯として見逃すわけにはいかないのである。

夜ばいと「妻問い」

夜ばいの体験談を綴《つづ》ってきた。

この数例からもわかるように、時代により地方《ところ》によりいくつもの形態がある。通婚儀礼の慣習を伝えるところもあれば、なかにはあくまでも夜遊びにすぎないとせざるをえないところもある。山口県下の例でいうと、遊戯的な夜ばいも個々に行なったものであった。娘の同意なしで忍びこんだが、必ず性行為を目的とするのではなかったが、それが高じて子どもをつくることもあった。概して山間部に多かった。

民俗学者の宮本常一《みやもとつねいち》（山口県大島郡東和町《とうわ》＝現、周防大島町出身）の報告例のなかからもうかがえる。

若い者はたいてい娘の家へ泊りに行く風があった。ヨナベをすますと出て行くのである。どこの家でも戸締りをすることはなくヨバイはあたりまえのこととされ、子供ができると結婚した。結婚できないものは、子は娘の親の家で育てた。これをシンガイゴといった。そういう例もまた少なくなかった」

（「山口県玖珂《くが》郡高根《たかね》村向峠《そんむかたお》」、『宮本常一著作集23』に所収）

山間部のそうした僻地《へきち》では、もとより若者宿の伝統が薄かった。対して、海村部で若者宿が多いところでの夜ばいは、ある種のきまりを共有して通婚儀礼に通じる。そうみて、ほぼ間違いないであろう。右の事例は、私からみるところでは、山口県下でも例外的な習俗ではなかっただろうか。ちなみに、柳田國男監修『民俗学辞典』の「よばい」の項では、以下のようにいう。

男が求婚しまたそれ以後も女のもとにかようことを意味し、それは正常なる求婚手段もしくは婚姻生活であった。（中略）すなわち上世の婚姻は、通例かかる過程をふむものであったのに、中世以降嫁入婚が漸次支配的婚姻となる過程に、かかる妻問いが不道徳な行為とみなされるようになったのである。

（旧字は新字に改めた）

ここに、「妻問い《つまど》」という言葉がでてくる。「夜ばい」と同意語として用いられている。古くは、妻問い婚が一般的であった、とする。その「古くは」とは、大ざっぱにいうと、嫁入り婚が広がりだす中世の武家社会より以前となる。

ちなみに、『古事記』（和銅五＝七一二年）を開いてみる。そこに一ヵ所だけ、「妻問ひの物」という言葉がでてくる。『古事記』（下つ巻）の「雄略天皇《ゆうりやく》」の項である。雄略天皇は、天皇年紀では未出であるが、五世紀後半の天皇とされる。

雄略天皇は、大日下王《おおくさかのみこ》の妹である若日下部王《わかくさかべのみこ》と結婚なさった。その若日下部王が日下《くさか》（大和《やまと》と河内《かわち》の間）に住んでいらっしゃったときに、そのあたりの山の上に登って河内を遠望すると、鰹木《かつおぎ》を高々と屋根に上げた家が目にとまった。「そやつめ、己《おの》が家を天皇の御殿に似せて造っている」、と仰せになった。そして、その家を焼き払おうとなさった。

その家主の大県主《おおあがたぬし》は、恐れおののき、贈り物を献上して謝罪した。その贈り物とは、布を白い犬にかけ、鈴を付けたものであった。天皇は、火付けをとりやめて、大県主を許した。そして、若日下部王の許《もと》にお行きになり、その犬を下賜なさった。と、いうのが大意である。

「この物は、今日道に得つる奇《めずら》しき物ぞ。故《ゆえに》、妻問ひの物。」と仰せられた。

それを若日下部王は、恐縮して受けることになるが、ここでは以下を割愛する。

さて、ここでの妻問いは、「求婚のしるしの贈り物」（倉野憲司校注『古事記』での注記）

とみるのがよい。何で鈴を付けた犬が、と問うのもせんないこと。そして、これを夜ばいと結びつけるのも、いささか短絡にすぎようか。しかし、通婚につながることには相違ないだろう。

『古事記』から半世紀ばかり後の『万葉集』には、第九巻に「妻問ひ」をうたった短歌がでてくる。

　いにしへの小竹田壮士《しのだおとこ》の妻問ひし菟原処女《うないおとめ》の奥津城《おくつき》ぞこれ

そこには、「葦屋の処女の墓を過ぎし時、作れる歌一首并に短歌」という前文がある。「古の　ますら壮士《おとこ》の相競《あいきそ》ひ　妻問《つまどい》しけむ（後略）」とある。それを、すでに古い慣習と読むと、その乙女の奥津城（墓）の前で「永き世の　語《かたり》にしつつ　後人《びと》の　偲《しのび》にせむと」とか「偲《しの》ひ継ぎ来《こ》し　処女《おとめ》らが奥津城《おくつき》どころ　吾さへに　見れば悲しも古《いにしえ》思へば」と、往時をしのぶ文脈につながる。

万葉の世での妻問いとは、通婚儀礼であった。男たちの足入婚の様相がある。右の添書でも、妻問いをされた幸せな女をしのぶ、と読めなくもない。そして、男たちが相競って妻問いをする、というようすからは、後の夜ばいにも通じるのではないか、と読めなくもない。

それにしても、妻問いは、その当時すでに「古思へば」と回顧されるような過去のできごとであったのか。と、疑問も生じるが、その詮索《せんさく》はここではしない。後世の平安文学を通読しないことには、簡単には判別できない。ここでは、さておくことにする。

「呼ばう」「言問う」、そして「夜ばう」。一〇〇〇年も、それ以上もの歴史をもった通婚儀礼である。性交という衝動に思案が加わる。それが、文化というものだろう。時どきに、元のかたちをたどってみよう。むつかしいことではない。イザナギ（伊邪那岐命）、イザナミ（伊邪那美命）の両神の「みとのまぐわい」を思いだしてみればよろしいのである。

ああ成程と伊邪那岐《いざなぎ》の尊《みこと》乗り（『誹風柳多留《はいふうやなぎだる》』）

《主要参考文献》

＊ここでは、市販の単行本を中心に選んでいる。出版年代順に、初版本を優先したが、手に入りにくいものは復刻本とした。
＊複数の章をわたって参考にした文献が多いため、あえて各章ごとの分類はしなかった。
＊そのなかでも特に重要として引用もした文献については、そのつど文中で紹介した。

日本性神研究会監修『日本の性神1～5』 探美社 出版年不明
柳田國男『石神問答』 聚精堂 一九一〇年
出口米吉『日本生殖器崇拝略説』 出口米吉 一九一七年
和田徹城『淫祠と邪神』 博文館 一九一八年
久保盛丸『生殖崇拝論』 久保盛丸神道場 一九二一年
出口米吉『原始母神論』 武蔵野書院 一九二八年
重森三玲『日本母陰史』 東還閣 一九三一年
桂又三郎・江野村茂里一『岡山県特殊信仰誌』 中国民俗学会 一九三二年
『神道大辞典』 平凡社 一九三七年
柳田國男監修 民俗学研究所編『民俗学辞典』 東京堂出版 一九五一年
鈴木繁『性神考』 上毛古文化協会 一九五四年
西岡秀雄『性神大成・日本における性器崇拝の史的研究』 妙義出版 一九五六年

安田徳太郎『人間の歴史6　火と性の祭典』　光文社　一九五七年
都丸十九一『消え残る山村の風俗と暮し』　高城書店　一九五八年
甲府第二高等学校社会研究部編『図説　甲斐の道祖神』　地方書院　一九五九年
西岡秀雄『日本性神史』　高橋書店　一九六一年
西岡秀雄『図説　性の神々』　実業之日本社　一九六一年
鈴木繁『道祖神考』　上毛古文化協会　一九六二年
中村亮雄・小島瓔礼『大磯の道祖神祭』　神奈川県教育委員会　一九六二年
鈴木重光「道祖神」（『神奈川県の歴史――県下の民俗篇下』に所収）　神奈川県立図書館　一九六三年
伊藤堅吉『石神の性典』　富士博物館　一九六三年
エリアーデ（堀一郎訳）『永遠回帰の神話――祖型と反復』　未来社　一九六三年
『岡山県性信仰集成』　岡山民俗学会　一九六四年
伊藤堅吉『性の石神』　山と溪谷社　一九六五年
堀田吉雄『山の神信仰の研究』　伊勢民俗学会　一九六六年
榾英雄・横沢隆一郎・山岸重利『長野県道祖神造銘史料集成第一輯』　一九六六年
原三正『性神風景』　秋田書店　一九六七年
伊藤堅吉『道祖性神』　図譜出版　一九六九年
澤田四郎「山梨県東南部の道祖神」（『山でのことを忘れたか』に所収）　創元社　一九六九年
斎藤忠・吉川逸治『原色日本の美術(1)　原始美術』　小学館　一九七〇年
武田久吉『路傍の石仏』　第一法規出版　一九七一年
箱山貴太郎『郷土の民俗　まつり』　上田市立博物館　一九七一年
伊藤堅吉・遠藤秀男『道祖神のふるさと――性の石神と民間習俗』　大和書房　一九七二年

山田宗睦著・井上青龍写真『道の神』　淡交社　一九七二年
『ほるぷ民謡全集　東北Ⅱ　田に汗する人びと』　ほるぷレコード　一九七四年
降籏勝次編・榑沼光長撮影『道祖神』　鹿島出版会　一九七五年
橋本峰雄『性の神』　淡交社　一九七六年
上田市立博物館編『郷土の民俗　年中行事』　上田市立博物館　一九七六年
鈴木棠三『日本年中行事辞典』　角川書店　一九七七年
中山太郎『日本民俗学　二巻　風俗篇』　大和書房　一九七七年
沖本常吉編『幕末淫祀論叢』　マツノ書店　一九七八年
中村義雄『魔よけとまじない』　塙書房　一九七八年
宮田登『神の民俗誌』（岩波新書）　岩波書店　一九七九年
桜井徳太郎編『民間信仰辞典』　東京堂出版　一九八〇年
牛尾三千夫『続・美しい村——民俗採訪記』（石見郷土シリーズ）　石見郷土研究懇話会　一九八三年
向谷喜久江『よばいのあったころ』　マツノ書店　一九八六年
速水侑『呪術宗教の世界』　塙書房　一九八七年
萩原秀三郎『目でみる民俗神　第二巻　豊穣の神と家の神』　東京美術　一九八八年
萩原秀三郎『目でみる民俗神　第三巻　境と辻の神』　東京美術　一九八八年
ルドルフ・リンダウ（森本英夫訳）『スイス領事の見た幕末日本』　新人物往来社　一九八六年
倉野憲司校注『古事記』（ワイド版岩波文庫）　岩波書店　一九九一年
苅谷春郎『江戸の性病——梅毒流行事情』　三一書房　一九九三年
松本市教育委員会文化課文化係編『松本の道祖神』　松本市教育文化振興財団　一九九三年
長野県教育委員会・埼玉県教育委員会他編『子供組の習俗／塚越の花まつり／「いんのこ」の思い出／松本の

三九郎』（日本〈子どもの歴史〉叢書14）久山社　一九九七年
ヴァーツヤーヤナ（岩本裕訳著）『完訳　カーマ・スートラ』（東洋文庫）平凡社　一九九八年
豊島泰国『図説　日本呪術全書』原書房　一九九八年
鈴木昶『江戸の医療風俗事典』東京堂出版　二〇〇〇年
喜田川守貞（宇佐美英機校訂）『近世風俗志㈣　守貞謾稿』（岩波文庫）岩波書店　二〇〇一年
大田区立郷土博物館編『特別展図録「顔がついた土器――縄文時代の人面付土器を中心に」』大田区　二〇〇一年
酒井シヅ『病が語る日本史』講談社　二〇〇二年
正木晃『性と呪殺の密教』（講談社選書メチエ）講談社　二〇〇二年
小出久和『信濃路の双体道祖神』敬和　二〇〇三年
大林太良・伊藤清司・吉田敦彦・松村一男編『世界神話事典』（角川選書）角川書店　二〇〇五年
渡辺京二『逝きし世の面影』（平凡社ライブラリー）平凡社　二〇〇五年
大久保純一『カラー版　浮世絵』（岩波新書）岩波書店　二〇〇八年
渡辺誠『目からウロコの縄文文化――日本文化の基層を探る』ブックショップ　マイタウン　二〇〇八年
礫川全次編『ワザと身体の民俗学』批評社　二〇〇八年
芳賀日出男『日本の民俗――暮らしと生業』（角川ソフィア文庫）KADOKAWA　二〇一四年
早川聞多『ジャパノロジー・コレクション　春画』（角川ソフィア文庫）KADOKAWA　二〇一九年
芳賀日出男『神さまたちの季節』（角川ソフィア文庫）KADOKAWA　二〇二〇年
竹倉史人『土偶を読む――130年間解かれなかった縄文神話の謎』晶文社　二〇二一年
設楽博己『顔の考古学――異形の精神史』（歴史文化ライブラリー）吉川弘文館　二〇二一年
『奈良県無形文化遺産ガイドブック』奈良地域伝統文化保存協議会　二〇二二年

《図版出典一覧》

ニニギの命とサクヤビメ　石井林響筆「木華開耶姫」千葉県立美術館所蔵
妊婦とみられる土偶　伊勢堂岱縄文館所蔵
酷似する二つの形　竹倉史人『土偶を読む――130年間解かれなかった縄文神話の謎』二〇二一年、晶文社
座産土偶　渡辺誠『目からウロコの縄文文化――日本文化の基層を探る』二〇〇八年、ブックショップマイタウン
不忍池畔の髭地蔵　宮川友里氏提供
吉原遊廓　アンベール「幕末日本図絵」挿絵　大名の吉原遊興、江戸東京博物館蔵、画像、東京都江戸東京博物館／DNPartcom提供
男石神社と奉納物　上田市立博物館蔵
岡山県下における金精神の分布　田頭博行氏作成
岡山県下にみられる金精神、カナマルサマと奉納物、石造のコンショサマ、木彫のカナマロサマ　田頭博行氏提供
金精神社への奉納物　岡隆平氏提供
混浴の図　M・C・ペリー著、F・L・ホークス編纂、宮崎壽子監訳『ペリー提督日本遠征記』二〇一四年、角川ソフィア文庫
胎蔵界曼荼羅　観蔵院曼荼羅美術館蔵
道祖神分布の概略図　伊藤堅吉・遠藤秀男『道祖神のふるさと』所収「道祖神分布の概念図」をもとに作成
道祖神とトンド　山下廣昭氏提供

道祖神まつり　松本市立博物館提供
イザナギとイザナミの「酒こし」　田頭博行氏提供
お田植神楽の再編　中世夢が原提供
徳丸での田遊び　板橋区教育委員会提供
ベブとハホ　狭野神社提供
へのこまつりと奉納物　（上）芳賀ライブラリー提供　（下）田縣神社提供
温泉街への担ぎだし　美ヶ原温泉旅館協同組合提供
結による田植え　芳賀ライブラリー提供

右記以外は、すべて著者提供による。

あとがき

私ども日本人の信仰文化は、世界のなかで比べてみると、かなり特異なところがある。とくに、先進国といわれる諸国のなかでの比較をしてみると、そういえるだろう。

端的にいうならば、日本では「アニミズム」の伝統を守り続けてきているのである。アニミズムとは、万物に霊魂が宿るとする信仰である。もっとも原初的な信仰文化であり、古くは、ほとんどの民族に共通していたはずである。それが、教祖が出現、その教義にもとづく原理主義（宗教原理）が普及するところで変化していく。いうなれば、宗教の出現によって、そのところにおいての近代化が進んでいくのである。

日本でも、近代以降は宗教という言葉が通じることになる。しかし、それは、宗教法人の制度化にしたがってのことであり、世界で多く進んだ一神教の原理主義が普及したわけではない。

霊山霊峰がいたるところにあり、樹齢を重ねた樹々が神木とされる。水に神が宿り、火にも神が宿る。言霊《ことだま》といわれるがごとく、音律にさえ霊が宿る。見事なまでのアニミズム伝承、といわなくてはならないだろう。

また、私ども日本人は、「八百万《やおよろず》の神々」としばしば口にする。「神さま仏さま、ご先祖さま」もそうである。明治政府による廃仏毀釈《きしやく》(神仏分離)の施策があったにもかかわらず、旧来の家々には神棚があり仏壇がある。世代を超えて、神詣《かみもう》でもするし寺参りもする。いうなれば宗教に非《あら》ざる多神教、「アニミズムワールド」が続いているのである。

これを現代社会のなかでどうみるか。もちろん、個々の信仰は自由である。それが保証されるところで、旧来のアニミズム系の多神教にこだわることもない。やがて、大きな変化もあるかもしれない。

しかし、私は思う。これまでの長い歴史を通じて、アニミズム系の信仰を伝えてきたこと自体が、あらためて顕彰されるべきではないか。この日本列島に人びとが住みつきだして以来の信仰文化に相違なく、それだけ長きにわたっての伝承は、世界の信仰文化のなかでも驚異のこととしてよかろう。誰彼かが特別な尽力をした結果でもない。けっして一律ではないものの、日本という風土と日本人という民族があってのこと。この分野での大きな抗争もなかったからであろう。私どもが誇るべきアニミズムワールド史とすべきだ、と思うのである。

その思いが深まって、本シリーズに取組んだ。初作が『社をもたない神々』(平成三一＝二〇一九年刊)、次作が『旅する神々』(令和二＝二〇二〇年刊)。そして、今回が『まぐわう神々』である。

まぐわう神々とは、「婚《まぐわ》う」神々である。神話にはじまる。そのところでも、世界の多くの民族にも共通する。とくに、創生神話が類似する。しかし、そこでも、アニミズム系の具象的な伝承を今日まで伝える事例は、ほとんどみあたらないだろう。

アニミズムのなかでのファリシズム。つまり、生殖器崇拝であり、性神信仰にも通じる。陰因と陽因、あるいはその合体の不思議を崇める。そこでの妊娠が科学的に認知されるまでは、ファリシズムもアニミズムのなかの一分野に相違なかった。

日本では、これも大げさにいうならば有史以来、長きにわたって伝承されてきたのである。具体的には、縄文時代（とくに中期以降）の土偶にそれらしき表現がみられる。時代を経て、中世から近世にかけては石造の陰陽物が数多くみられるようになる。とくに、石造陽物が数多くみられるようになる。さらに時代を経て近代から現代にかけても、各地にその多くが残存することになるのだ。

これについての評価は、分かれる。それを、造形文化として評価しようとする写真を多用もする出版が主流の傾向がみられた。多くは、昭和後期の傾向であった。その一方で、猥褻《わいせつ》な秘宝として陳列が主流の傾向もみられた。それも、昭和後期、経済の高度成長期での傾向であった。そして、現代は、管理よりも放置される傾向がみられる。

その追跡調査が、私自身の体調もあって、なかなかはかどらなかった。時代《とき》すでに遅し、の感もあった。ただ、かなりの点数の出版物が残されている。参考文献に、その代表的なものをとりあげておいたが、それより倍近い点数があるだろう。これを、できるだけ丹念に読むことにした。なかでも、私が直接に知る著者や写真家、知人を通して間接的に親しみをもった著者が数人存在した。これは、まことに心強いことであった。もちろん、内容を精査してのことだが、そのお人柄がわかる人たちの資料を優先して使用させてもらうことにした。

私は、歴史をさかのぼって自然―人間系のなかでのあるべくして生じた祈願の深意を尊重したい、と思っている。できるだけ、その環境に近づいて尊重したい、と思っている。何か見落としていることはないか、何かひとりよがりをしていることはないか。その反省も忘れないでいたい。民俗学を学び、郷里での神主を続けながら半世紀、まだ志半ばではあるが、日本における日本人における多神教、アニミズムワールドに注目し続けていきたいところである。

お汲《く》みとりいただき、ご意見もいただけたら幸いである。

本書の刊行にあたっては、KADOKAWAの大林哲也さんと宮川友里さんのご尽力があった。また、フィールドワークの上では親しい友人の野添和洋氏、加藤宏明氏、田頭博行氏、岡隆平氏らの献身的なご協力があった。記して謝意を表したい。

令和五年一月

神崎　宣武

神崎宣武（かんざき・のりたけ）
1944年生まれ。民俗学者。岡山県宇佐八幡神社宮司。著書に『社をもたない神々』『旅する神々』（いずれも角川選書）、『酒の日本文化』『しきたりの日本文化』『「旬」の日本文化』『「おじぎ」の日本文化』（いずれも角川ソフィア文庫）、『江戸の旅文化』（岩波新書）、『神主と村の民俗誌』（講談社学術文庫）など。

角川選書 666

まぐわう神々《かみがみ》

令和5年3月23日　初版発行

著　者／神崎宣武《かんざきのりたけ》

発行者／山下直久

発　行／株式会社KADOKAWA
〒102-8177　東京都千代田区富士見2-13-3
電話 0570-002-301（ナビダイヤル）

印刷所／株式会社KADOKAWA

製本所／株式会社KADOKAWA

装　丁／片岡忠彦　　帯デザイン／Zapp!

ISBN 978-4-04-703713-7　C0339

◆◇◇

角川選書

この書物を愛する人たちに

詩人科学者寺田寅彦は、銀座通りに林立する高層建築をたとえて「銀座アルプス」と呼んだ。
戦後日本の経済力は、どの都市にも「銀座アルプス」を造成した。
アルプスのなかに書店を求めて、立ち寄ると、高山植物が美しく花ひらくように、
書物が飾られている。

印刷技術の発達もあって、書物は美しく化粧され、通りすがりの人々の眼をひきつけている。
しかし、流行を追っての刊行物は、どれも類型的で、個性がない。
歴史という時間の厚みのなかで、流動する時代のすがたや、不易な生命をみつめてきた先輩たちの発言がある。
また静かに明日を語ろうとする現代人の科白がある。これらも、
銀座アルプスのお花畑のなかでは、雑草のようにまぎれ、人知れず開花するしかないのだろうか。
マス・セールの呼び声で、多量に売り出される書物群のなかにあって、
選ばれた時代の英知の書は、ささやかな「座」を占めることは不可能なのだろうか。
マス・セールの時勢に逆行する少数な刊行物であっても、この書物は耳を傾ける人々には、
飽くことなく語りつづけてくれるだろう。私はそういう書物をつぎつぎと発刊したい。
真に書物を愛する読者や、書店の人々の手で、こうした書物はどのように成育し、開花することだろうか。
私のひそかな祈りである。「一粒の麦もし死なずば」という言葉のように、
こうした書物を、銀座アルプスのお花畑のなかで、一雑草であらしめたくない。

一九六八年九月一日　角川源義

社をもたない神々
神崎宣武

山に、川に、森に、道ばたに、八百万の神は我々と共にいた。代々続く社家の神主を務めてきた民俗学の泰斗が、各地に残る原初のカミたちの足跡を探索。いま急速に失われつつある「日本のかたち」を伝え残す。

612　248頁

978-4-04-703624-6

旅する神々
神崎宣武

大国主神、山幸彦、吉備津彦命、倭姫命、倭建命、仮面・仮装の来訪神――『古事記』をはじめ、神話や行事に息づく奔放で多情多様な人間味あふれる神々の足跡に、人びととの関係性と日本の原信仰をさぐる。

644　280頁

978-4-04-703689-5

渡来の古代史
国のかたちをつくったのは誰か
上田正昭

「帰化」と「渡来」を峻別し、古代史に風穴をあけた泰斗による、「渡来人と渡来文化」の集大成。近年の発掘調査の成果も踏まえ、古代国家形成にかかわる渡来を東アジアという視点でダイナミックに提示する。

526　264頁

978-4-04-703526-3

風土記
日本人の感覚を読む
橋本雅之

七一三年の官命によって編纂された「風土記」。全国各地の産物や土地、神話などを記す古代の貴重な資料である。その地誌としての性格をふまえ「風土記」を読み解き、日本人に通底する心のありようを知る。

577　208頁

978-4-04-703582-9

角川選書

足利尊氏

森茂暁

これが「尊氏研究」の最前線！「英雄」と「逆賊」の間を揺れ動き、南北朝動乱を招いた中心人物として解明が進まなかった足利尊氏を徹底研究。発給文書一五〇〇点から見えてくる新しい尊氏像とは。

583 | 256頁

978-4-04-703593-5

死者と先祖の話

山折哲雄

みずからや家族の死を、私たちはどのような形で迎えたらよいのか――。折口信夫『死者の書』と柳田国男『先祖の話』をてがかりに、鎮魂・供養・往生・看取り等から、日本古来の信仰や死生観を見つめ直す。

595 | 240頁

978-4-04-703594-2

武田氏滅亡

平山優

甲相越三国和睦構想、御館の乱、高天神城攻防戦という長篠敗戦後の転換点を主軸に、史料博捜と最新研究から、詳述されてこなかった勝頼の成果と蹉跌を徹底検証。戦国史研究に新たなる足跡を刻む決定版！

580 | 752頁

978-4-04-703588-1

青年家康

松平元康の実像

柴裕之

青年期の家康＝松平元康は、いかに今川家の従属から独立し敵対していったのか。同時代の戦国大名と国衆との関係のあり方を踏まえ、父・広忠時代からの松平氏の歩みや今川義元の三河支配と実態を徹底検証。

662 | 216頁

978-4-04-703711-3